現代をどうとらえ、どう生きるか

——民主主義、道徳、政治と教育——

佐貫 浩
Sanuki hirosi

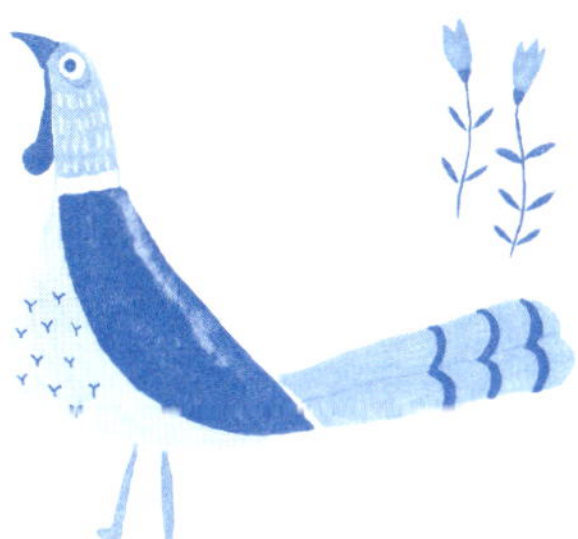

現代をどうとらえ、どう生きるか

目次

カバー・表紙イラスト　野仲千尋

序章　現代社会と命の尊厳
――日本国憲法の正義と人間の尊厳をどう取りもどすか――

(一) 現代――新自由主義下での非人間化の進行

(1) 社会の急変はなぜ起こったのか

一言で、非人間化の時代と言ってもいいような状況が、いま展開しています。雇用破壊は、すさまじいものがあります。非正規雇用で年収二百〜三百万円で四十年間働いたとしても、生涯賃金は八千万円から一億二千万円です。正規雇用では約二億三千万円というような試算があります。この差、一億円以上の差は異常なものです。

しかも、日本社会では、年功賃金で給与が上がる分や退職金なしには、ライフ・サイクルが渡れない。その分が結婚資金、住宅確保資金、子育てから大学学費、そして老後への貯金などに充当されるものとなります。ところが、非正規雇用の年収二百万円の人たちは、このライフ・サイクルを渡る部分のお金がためられない。そういう人が、働く人の四人に一人の割合になってしまいました。特に若者に非正規雇用が拡大し、約半分が非正規です。

いつかの時代からそうなったか。一九九五年に日経連が「新時代の『日本的経営』」方針を出しました。賃金を三種類に分け、正規雇用で年功賃金となる「長期蓄積能力活用型」、特別な能力をもつ人を年俸制などで期限付きで雇う「高度専門能力活用型」、もう一つは、「雇用柔軟型」の非正規低賃金雇用の三つです。非正規雇用はもう四割を超えました。

派遣労働は本来、雇用としては原則禁止でした。なぜか。派遣会社が儲けるのは、要するに賃金のピンハネによっているのです。だからそれは許されないとされたのです。厚生労働省の二〇〇六年度についての調査によると、派遣料金は一日一万五千五百三十七円です。これは労働させる会社が派遣会社に支払うお金です。ところが労働者に渡す賃金は一万五百七十一円です。そうするとピンハネした約五千円（三二％）が派遣会社の収入になる。

労働者派遣法は一九八五年に制定され、一九九〇年にはこれが原則自由化され、二〇〇三年には製造業派遣もOKとなりました。一般工場で派遣労働者を入れてモノを生産していいということになった。それでも、今までは三年間でそれはやめなければいけなかった。ところが今、派遣法の改悪がなされ（二〇一五年八月）、会社側は労働者を取り替えれば何年派遣で生産をしても構わない、派遣労働者も、今まではAという課だったけれども三年たってBという課に移れば、これは継続ではなく新規雇用だから継続できるという可能性が出てきた。こうなると、もう派遣労働で働いている人は生涯派遣のままになる可能性があります。正社員のいない派遣労働だけで成り立つ会社も可能になります。

なぜこんな事態になったのか。背景には「グローバル化」という問題があります。日本の巨大企業は、国際競争で勝つために、発展途上国の低賃金労働に依拠し始めた。そして「国内にも雇用の場を」と求める声に対し、「ならば、発展途上国と同じ低賃金の労働を国内にもつくればいい」となったのです。

(2) 新自由主義国家の「規制緩和」政策の本質

小泉政権のときに「規制緩和」ということがよく言われました。国民の多くはこの規制緩和という言葉を、私たちの自由をしばっているさまざまな規制によって活動がしにくいから、規制緩和がされれば消費者はもっと安いものを、そして、企業は世界競争に勝つための新しい工夫をどんどん進めていけると考えたわけです。

しかし実は、雇用についての「規制」とは、労働者の人権と生存権を確保するためには企業はこれ以下の労働者待遇をしてはいけないという基準を意味したのです。だから「規制緩和」とは、これからは雇用する労働者の人権、労働権や賃金水準を切り下げてもかまわないという政府の「お許し」に他ならないのです。

資本主義の下での二百数十年間の歴史は、全体としては資本がもっと利益を蓄積したいと思う要求と、そこに雇用される国民（労働者）が議会制民主主義という国民主権の方法を通して、生存権と幸福追求権を実現しようとした要求との対抗によって形成されてきました。しかしグローバル資本群は、国家の経済規模をはるかに上回るほどの財力を持って、自分の言うことを聞かない国（政府）に対しては恫喝をかける程の力をもつほどになりました。

安倍首相は議会の所信表明演説で、この日本を「企業が一番活動しやすい国」にすると宣言しました（二〇一三年十月十五日）。すなわち、国民の人権や労働権の水準を規定している規制の水準を切り下げて、企業が低賃金で雇用することを可能にし、法人税も下げるなど、企業のグローバル競争戦略にとって非常に有利な国を作るというあからさまな宣言（企業への約束）をしたというのが現実です。

新自由主義国家とは、国民の自由を拡大する国家という意味ではなく、今まで国民の人権を保障することを第一の課題にする国民国家であったものを、資本の活動の自由を保障するということに政策の中心を置くという意味です。そのために、国民の人権を切り下げることを厭わないという国家が出現したのです。そのような政権が一九八〇年代から九〇年代にかけて世界各地に出現しました。最初はイギリスのサッチャー政権です。その次がアメリカのレーガン政権であり、それがニュージーランドなどいろいろな国に展開し、日本は小泉政権のときにそうした政権の姿をはっきりと現し、安倍政権はそれをもっと極端なかたちで遂行しようとしているのです。

そのように考えると、今訪れている新自由主義の時代とは、巨大化した資本による世界の国民への支配や抑圧、人権剥奪の挑戦に対して、どう対抗するかが課題になっている時代、人類が初めて出会うような新しい矛盾の展開する時代になっているのです。

（3）現代世界の構造を捉えなおす

一九九〇年代の後半から、特に二〇〇〇年代から、戦後の日本社会が到達した人権や労働権や賃金の水準、憲法的な社会的正義の水準が、まさか意図的に切り下げられ非人間的な働き方が当たり前のようになる社会が来ることは、誰も予想しなかったと思います。

高校の先生で、生徒に今の社会でなぜ派遣労働や非正規雇用、ワーキング・プアがたくさん生まれてしまうのかを説明する現代社会理解の枠組みを、しっかりと授業されている先生はほとんどおられないと思います。九〇年代から始まったこの社会変動の本質や性格をとらえる認識枠組は、まだ社会的合意をほとんど得ていないのです。

今、近代の市民社会が誕生したその時に立ち返って社会の枠組をとらえ直し、その構造的変化として現代に至るあゆみを理解するということが必要になっていると思います。

近代の市民的変革（革命）は二つの自由を生み出しました。一つは資本の自由です。それまでは、ものを作り商品を売ることは、地域共同体のギルドなどのシステムによって統制されていました。商品を自由にたくさん作ることは許されていませんでした。資本主義の採用で、どんどん新しい商品を作り、どんどん市場を広げて経済活動をしてよいという「資本の自由」が実現しました。そのことで、人類の生産は飛躍的に高まりました。

しかしその下で労働者の命と生存の破壊が起こりました。イギリスの産業革命の時代には、児童労働の拡大、女性の低賃金労働、そして成人になるまでには廃人となるような過酷な労働が展開し、汚物にまみれた非衛生的な都市が広がりました。これでは人間として生きていけないということで、もう一つの自由が働き始めました。それは何か。基本的人権の保障による議会制民主主義と国民主権です。人間の政治的主権者としての自由が解放され、制度化されたのです。

この議会制民主主義と国民主権に立った政治的決定によって、児童労働の禁止、長時間労働の禁止、危険な労働の禁止、あるいは八時間労働制、さらに保険制度や休暇ができたり失業保険制度などが作られました。働く人間の人権や労働権を保障する基準以下では、企業活動をやってはならないという規制を作ったのです。

資本主義社会は、資本＝企業が利益を追求してどんどん生産活動を展開する一方、その下で働く労働者、人間の人権を守るために国民主権、議会制民主主義を通して国民が人間的に生きるために企業の活動を規制する法規範を作り出し、そのことで資本主義的な生産の仕組みと、国民が主権者として人間的に生きていく仕組みの二つが対抗しながら、いわば共存して発展した社会だったのです。そしてその一つの到達点が一九四五年戦後に生まれた西欧福祉国家だったのです。

ただし、一つ注釈を付け加えておきます。これらの先進国は発展途上国や植民地からの収奪によって膨大な利益を蓄積した国でもあったわけです。その多くはそうした国の資本が蓄積した富によって豊かさが実現されたわけです。その意味では、皮肉な言い方をすれば、先進国の私たちの豊かさは、実は世界の中で植民地支配や発展途上国から搾取することを通して独占的に獲得した利益を、資本と国民とがぶんどり合戦をし、一九八〇年代まで他の国を抜く豊かさを享受してきた結果だったわけです。

ところが、この仕組みが一挙に崩壊しました。一九九〇年代のグローバル化の中で、巨大な富を蓄積した個別資本が、個別国家を離脱するほどの力を蓄えたからです。グローバル企業は有利な条件を世界各地から集めて国際競争をする状況が生まれました。規制が強く人権や労働権の水準が高い国は、賃金が高くて、そんな労働に依拠して国際競争はできないとして、賃金が日本の五分の一とか十分の一の国に工場を移転して世界的経済競争が展開しはじめたのです。

そのために、議会制民主主義の制度を通して国民の要求が企業に及ぼされる国民主権の民主主義的な政治の仕組み自体が、グローバル資本に邪魔になってきたのです。新自由主義が掲げる「自由」とは、資本や企業が、国民主権による民主主義的規制から「自由」に活動できるという仕組みを意味しているのです。ですから人権と労働権が高められた先進資本主義国においてこそ、その切り下げが、はじまったのです。

そして今や、このグローバル資本が、自らの私利私欲のために、国民国家と世界を改造する勢いを獲得しつつあるのです。安倍内閣が憲法を改悪しようとする理由は、国民がいままで勝ち取ってきた憲法的な正義と人権や民主主義が、グローバル資本の活動にとって邪魔になりだしたからです。世界的な非正規雇用の拡大、生き残りをかけた教育や労働の場におけるサバイバル競争の激化、格差と貧困の拡大、それに由来するテロの激発、莫大な温暖化ガス排出による地球気候の危機などは、突き詰めれば、このグローバル資本の利潤獲得戦略によって引き起こされているのです。

だから、もし人類が自分たちの生存、安全、平和、人権を回復しようとするならば、この巨大化し、国家をも改造し、国家権力の性格をも変えていこうとしているグローバル資本に対して、人権、労働権、生存権、持続可能な世界の産業や生活の仕組みを維持、発展させようとする人類の知恵を、もういちど政治と経済をコントロールする力として働かせる仕組みが不可欠になっているのです。二〇一六年十一月放映のＮＨＫスペシャル「マネー・ワールド資本主義の未来」（全三回）によると、国家収入と企業の財政規模をいっしょにして並べて上位百を見ると、企業が七十、国家は三十という状況にあることが紹介されていました。人類史上初めて、国家を超える程に巨大化した資本が人類と共存できるのか、私たちの人間的な生活と共存できるのか、共存するためにはどのような資本への規制が必要かということが世界的な規模で問われる、新たな歴史段階に到達しているという認識が必要になっているのです

(二) 道徳性とは何か

このように生きにくい、希望をもてない社会が目の前に展開するようになりました。ところがそのような生きにくさは、社会の側のせいではなく、個人の能力の不足で正規雇用にはいれないためだとか、個人の規範意識の低下だとか、子どもがしっかりと将来への目標を持ったキャリア・デザインをもっていないからだという言説が広められつつあります。そしてだから道徳教育をしっかりやる必要があるとして、安倍内閣は道徳を教科にして行うという教育改革を強行しました。しかし、はたして問題が個人の側にあるのでしょうか。そもそも道徳性とはどういうものでしょうか。そのことを次に考えてみましょう。

(1) 道徳性の起源

人類学の中で論争はあるのですが、クリストファー・ボームという学者は、『モラルの

起源』（斎藤隆央訳、白揚社、二〇一四）という本の中で、人類が道徳性を獲得したのは、大型動物を狩猟するようになった時だという仮説を提起しています。どういうことかというと、ゴリラやチンパンジーなどの類人猿は、一種の集団的秩序を作っているわけです。ボスのオスがリーダーになってその支配秩序の下で、すべてのオスがコントロールされ、メスもその支配下にある。

これを、サルたちの内面的な価値規範によって秩序が成立していると捉えると、すでに彼らは道徳性を持っていると考えられないこともないのです。

しかしボームは、サルたちが価値秩序に従っているように見えるが、それはストレートにボスの力の支配であり、動物が持っているするどい感覚で力関係を読み、それに従うという戦略的行為であって、価値規範にしたがってそうしているのではなく、だから道徳性というものではないと考えるのです。

ではどうやって道徳性を身につけたかを考えると、人類が類人猿と分岐するとき、アフリカに地溝帯というのがありますが、その西側は熱帯雨林、東側はサバンナです。熱帯雨林は食料がたくさんあり、木の上で生活しているサル類はライオンなどの強敵からは守られている。そして、目の前に食料はぶら下がっている。食料を捕るという行為は食べるという行為と直接結びついている。

ところが人類は、サバンナに降り立った。そこでは食料は目の前にないわけです。そしてサバンナでは人類は猛獣に対して、弱者として生きていくわけです。ですから、食料を獲得するためには、共同して防衛し、共同して獲物を捕らなければならない。しかしもし、ボスが力で支配してメスを独占したり、とった食料を独占して食べたりするような状態では、他の雄たちが心から協力するというふうにはならない。

サルは労働しませんが、人類は労働によって共同で食料を獲得しなければならなくなった。だからその成果である獲物をみんなに配分しないようなボスに対しては、人類は石器や槍などの武器を使って、ボス殺しが起こったのではないかというのです。

人類は労働を必要とする生物として登場した。労働においては緊密に協力し合って、互いに役割を分担し、全力で目的のために共同する必要がある。さらにその共同は言葉というものによって緻密なものになっていく。その結果の獲物は、ある種の素朴な民主主義によって配分をする。そうすると、利己的でなく利他的なリーダーをもたないと人類の集団はサバイバルしていけない。利他的なリーダーを持った集団が強力になり有利になって、その集団が発展していく。このようにして人類の集団が力を発展させていった。そこに、人類の道徳性の始原があるのではないか。つまり、共同的な労働が行われ、さらに共同を高めていくための言語を身につけたということが、人類が道徳性を身につけた出発点ではないかと、ボームは言うのです。私は、これはなかなか説得性があると思うのです。

ただし、道徳性という場合に、母と子というような、ケアという関係性につながる道徳性が今、注目されています。これは、哺乳類が、赤ちゃんを産んでケアする中で親としての情愛が形成されていくということと結びついています。自分を犠牲にしても子を育てていくという、生物的な本能として形成されていったものが始源となった道徳性というスジもあると思います。そういう愛情を強く持てば持つほどその子どもはよく育ち、その種は発展していく。このような親子の愛情がもうひとつの道徳性の基盤になっているのではないかという点も考える必要があると思います。

さらに人類は、そうした共同性というものを、もうひとつ新たな段階に展開させます。それは文化という形で価値を継承することができるようになったということです。

類人猿は、一個体が獲得した経験を、ほとんど伝えることなく死んでいきます。かたいナッツを石を使って割るとか、芋を洗うサルとかはありますが、人類は、言語を介して、自分の経験だけではなく、個体の外に、社会的に継承されていく文化として、個体の経験をその集団全体の知恵として受け継ぐことが初めてできるようになりました。それが文明です。

類人猿までは、個体が持っている発達可能性をそれぞれの個体が繰り返していくというものでした。ところが人類は、個体の限界を越えて、技術、言語、知識など、文化を継承することによって、飛躍的な発展が可能になったのです。

継承されていった文化には、いわゆる技術、熟練の技とか、科学的な知識の他に、共同のあり方、人と人との関係を律するような関係的価値もありました。道徳性は主にこの関係的価値、関係を律する規範という形を取って継承されていったと思われます。

そのようにして人類は、道徳性を獲得し、継承することができるようになっていったのだと考えられます。

(2) 道徳性の三つの歴史的発展段階

人類史における道徳性の段階は、大きくは、三段階に区分できるように思います。

第一段階は、いま述べたような人類が素朴な民主主義を土台にした共同性を成立させることができるようになった段階です。これが人類史のほとんどを占めています。七百万年ぐらいの人類史のほとんどがその段階になります。

ところが約一万年ほど前に、人類は農業を発明します。農業は価値の剰余を生み出しました。それが文明を発展させていく大きなエネルギーになります。やがて、都市を形成し、国家を形成するほどの豊かさの段階を生み出します。私的所有が出現し、支配者と被支配者が出現し、支配者は武力を持って人びとを統治していくようになります。そしてその段階で、支配者の支配を正当化し、その秩序を絶対化するイデオロギーとしての道徳律が生み出されてきます。それが人類の道徳性の第二段階です。

この段階の道徳性は、人類の文明史の大部分を通して存在し続けてきました。それは奴隷制の時代から貴族制、封建制、こういう時代を通じてすべてそうでした。日本で言えば、明治維新まで、そういう道徳律が支配的なものとして存在していました。古代天皇制の時代、貴族支配の時代、武士支配の時代のそれぞれに、その支配秩序を正当化する道徳が形成され、人びとの道徳規範となってきました。そしてその秩序に違反したり抵抗したりすれば、弾圧されたり、時には命を奪われても文句が言えないという状況もあったのです。

ところが、ヨーロッパで市民革命が引き起こされました。その市民革命が、人類の新しい道徳性の第三段階をもたらします。その市民革命において、全ての人間の平等が確認され、基本的人権が承認されました。社会契約説が登場し、市民が議会制民主主義の制度を通して国民主権の上に立った政府を作り出し、みんなの命と人権、幸福追求のための政治を行っていくという段階が出現したのです。

この人類の道徳性の三つの段階を考えてみると、そこからは、人類の道徳性とは何かということが鮮明に見えてきます。それは、共同的にしか生きられない人類が、どういう共同の方法を生み出すかという規範として道徳性が生み出されてきたということです。人類の共同性をどう成立させ、発展させるかということこそが、道徳性の根幹だということです。

そして市民革命は、その道徳律を、それまで少数の支配者が決定して、民衆にそれを強制していた時代を終わらせ、市民自身が、人権と平等、民主主義という価値を基本にして、道徳規範をつくり出す主体の位置につくという根本的な転換を引き起こしたということです。そしてさらにいえば、その共同のあり方を律する社会規範は、基本的に憲法典として社会的に合意されるようになったということです。

重要なことは、このような歴史を振り返ってみれば、実は、人類の道徳性のあり方を規定してきたのは、なによりも政治であったということです。そしてそれは資本の雇用に対する「規制」の蓄積なども含んで、人間の尊厳を保障する社会的正義として合意され、そしてその最高の到達点が政治を律する憲法的正義として、明記されてきたということです。ともすれば、私たちは、人間の道徳性と政治とは別物と考え、政治が道徳性の基準を規定してきたということを忘れがちになるのですが、そうではないのです。そして先に見たように、今、新自由主義の政治が、この社会的に達成され合意されてきた道徳性の社会的水準を乱暴に切り下げるという事態が進行しているのです。その本質を見なければならないのです。

(三) 孤立と「自己責任」社会の到来

(1)「自己責任」社会の展開

今、日本社会では、「自己責任」という意識が、恐ろしいほどに広がっています。二〇〇〇年代に入ってから「NHKスペシャル」では「孤独死」や「無縁社会」などの内容が多く放映されてきましたが、その事態はさらに深刻になっています。今、引きこもりの青年は厚生労働省の調査で六十万人、予備軍も含めると二百万人とも推定される状況になっています。それから、子どもたちは孤立の恐怖におびえ、そのためにいじめが非常に広がっています。労働は、人間が共に生きること、社会に参加することを実現する最も基本の場でしたが、失業の不安や劣悪な非正規雇用に曝され、さらには人間が使い捨てにされるような派遣労働などが広がっています。

経済的貧困が深刻になっています。中でも子どもの貧困率は六人に一人という状況になっています。母子家庭の貧困率は六割から七割です。しかも、そういう孤立と貧困におかれた人々を食い物にする貧困ビジネスが広がっています。一番多いのが、サラ金です。借金で困っている人を餌食にして、逆に借金地獄、債務地獄に貶め、そこから利益を搾り取る。貧困ビジネスは、ネット・カフェや大学の奨学金、派遣会社制度などへと広がっています。生活保護を受けている孤独な老人からその生活保護費を巻き上げて、劣悪な住居をあてがうという貧困ビジネスもあります。アメリカにおいては貧困ビジネスの最も代表的なものが軍隊です。ですから軍隊には、黒人青年の比率が圧倒的に多くなっています。日本でも自衛隊の海外軍事派遣が戦争法の成立で現実化する可能性がありますが、若者の貧困が貧困ビジネスとしての自衛隊入隊を増加させる可能性があります。

人間は、共同的存在なのです。ですから、孤独や無縁社会の中で生きることはできません。人間は生きる意味なしには生きられないのです。一般の動物は生きる意味なしに生きられるのです。遺伝的なシステムによって、獲物を捕らえて食べて子孫を残していくという生物学的な本能によって生きる力を絶えず与えられているからです。なぜ自分が生きているかを問う必要がないのです。ところが、人間だけは、この世の中で自分は存在する価値がある、他者のために生きることができる、そして自己実現できるという感覚なしには生きられないのです。そしてそのことは、共同性の中でしか実現できないのです。他者とつながってその中で何かを達成し、自分が生きた証が他者の生き方や感情の中、社会の中に刻み込まれていかなければ、人は生きられないのです。ところが社会的排除はそれを奪うのです。そればかりか、お前がだめなのはお前に力がないからだ、すなわち「自己責任」だという強烈なメッセージが満ちていて、ますますそれが人を孤立させるのです。

秋葉原事件（二〇〇八年）の加藤という青年は非正規雇用で、「もうお前など雇い止めだ」と言われたように思って、この世に恨みを持ち、「俺なんか、この世に生きている価値はないんだ」と考え、この世界に対する恨みを晴らしてやるという思いで、無差別殺人を犯しました。同じように、二〇一二年の黒子のバスケ事件の青年も、『黒子のバスケ』という漫画の作者が人間的に充実していることに対し、「俺みたいな非正規雇用で何の値打ちもなく自殺したいと思っているような人間とは全く違う、充実して生きている人間をそのままにして死ぬわけにはいかない」と考え、犯行を企図しました。

彼は裁判のために書いた手記の中で自分のような存在を「無敵の人」と呼び、この世に失うものが何もなく他者とのつながりもなく、この世の破滅を願うしかない人間は何も恐れることがない、だから、どのような犯罪でもできる、このような「無敵の人」を作り出すような社会を克服しない限り、この日本社会は成り立たないはずだと述べていました。

実は、ドイツのナチズムも、貧困と失業、希望剥奪におかれた青年たちをヒットラー・ユーゲント（ナチスの青少年組織）に組織したのです。ナチスは、ドイツを栄光のある工業国にするとして、失業をなくし、フォルクス・ワーゲンのような自動車産業などを興して、「優秀なドイツ人の国家をつくろう」と呼びかけた。そこにユダヤ人排斥の偏狭な理念を結合し、社会の共同性から排除された青年たちを組織し、暴力的に社会を監視していく役割を与え、権力の感覚を与えたのです。ヒトラーがめざす〝純化された社会〟の形成に動員された青年たちは、自分たちを「社会をつくり上げていく最も重要な人間」として権力（暴力的な支配力）を与えられることで、初めて人間的な誇りと力を感じたのです。そして、彼らが「水晶の夜」と呼ばれるドイツ全土でのユダヤ人襲撃事件（一九三八年十一月九日）を起こしたとき、もはやドイツ国民はこのユダヤ人迫害を誰も抑えることができませんでした。

安倍首相は今、自分の推めている日本社会の破壊政策が暴露されると危ないと焦っているはずです。もし自分の政権が崩壊したら、グローバル資本から期待されている役割が果たせない。だから「私は国民のために頑張っている」と、安倍内閣を国民のための内閣として「偽装」する手を次々と繰り出しています。アベノミクス、日本の侵略戦争はなかったとする歴史の修正、靖国史観の押しつけ、尖閣諸島問題や北朝鮮問題を利用した日本の危機のあおり立てなどによって、自らの反国民的政策を、ナショナリズムのイデオロギーで覆い隠しているのです。そして、孤立を味わっている青年を偏狭な愛国心や排外主義で自分の側に引き寄せようとしています。そして日本の軍隊を海外に派遣して、世界をコントロールする大国日本をめざし、それが日本人の自信と誇りにつながるという危うい国づくりに向かおうとしています。

そのように考えてみると、今、私たちは人と人が人間としての尊厳を実現するためにつながって生きられる仕組みをどうやって回復するかを、真剣に考えなければなりません。新自由主義が引き起こす孤立、自己責任意識、そして問題を外からの攻撃が引き起こしているかに演出するナショナリズムなどを批判する力が求められています。

(2) いじめと現代社会

子どもの間では、いじめが本当に広がっています。大学で学生に「いじめの体験記」を書かせました。そうすると、およそ半分くらいの学生が加害もしくは被害の体験を書いてくれました。そのトラウマで、いまだに対人関係がうまくいかないという学生もいます。

部活などで一番中心になっている子がいじめを始めて、いじめのターゲットが順々に廻されていく。それに同調しないと分かると、いじめの生け贄になる。自分のところにいじめが廻ってこないようにするためには、それを止めに入るのではなく、同調して一緒に笑う、一緒に観衆としていじめを楽しむ態度を取らないと、安全に生き延びられない。

また、メールやスマホ、SNSなどによって、今子どもや若者は、二十四時間友達と繋がっていなければならない状況へと追いやられています。お風呂や寝床でも、相手にすぐ返事を送らないと（即レス）、無視しているといわれそうで、すぐ「いいね」というメッセージを返さないといけない。

そういういじめや孤立を恐れる空間のなかでは、自分の考えを表現しない。みんなが受け入れてくれる言葉を探し、「優しい自分」、「みんなに受け入れられる自分」を必死で演じる。それを筑波大学の土井隆義さんは「優しさの技法」と呼んでいます。小学校の三、四年生くらいまでは、授業で「ハイ、ハイ」と手を挙げて威勢よく意見を言いますが、四年生の後半くらいになってくるとだんだん手を挙げなくなる。周りからも「何いいかっこしてんの？」「先生に気に入られたいんだな」「勉強しているということを見せつけたいの？」という眼差しが襲ってくるのです。それに気が付いたとき「ああ、これはまずかった」ということで本音をしゃべらなくなる。高校生も、大学生も自分の意見を言うことを大変恐れているのです。すなわちいじめの空間は表現の自由の抑圧空間であり、表現を通して公共的な正義を生み出していく民主主義が立ち上がらなくしているのです。

いじめはどうやって完成されるのか。精神科医の中井久夫氏によると、まず絶対的な服従から始まります。「告げ口＝チクリをすれば、もっと痛めつけてやる」ということで、絶対他者に告げ口することができない。親にも助けを求めることもできなくする。

中井は次のように述べています。「被害者は、加害者の気分や仔細な表情やしぐさに非常に敏感になり、被害者の全感情が加害者の一挙手一投足に依存し、それに従って動揺するようになっていく。被害者は加害者に感情的にも隷属していく。家族からの盗みなどを犯させることで家族・社会との最後のきずなを自分の手で切り離してしまうようにさせる。ここに孤立化も無力化も完成する」（中井『アドリアネからの糸』みすず書房、一九九七年）。

愛知で、男子中学生だった大河内君のいじめ自殺事件がありました。いじめる側は彼に、親から、何十万円ものお金を盗ませた。だから親にもいじめのことが言えない。完全に「孤立化」させられたのです。すると、支配者に絶対的に従うことでしか生きられなくなります。「俺と違うことを考えているな」と読み取られた途端に攻撃されるので、支配者の意思を徹底して読み取り、それに合うように表情を作り、行動する。その結果、自分の主体的意思を抑え、なくし、支配者の意思に完全に従属して一体化しなければならない。そうすると、外からは「つるんでいる」ように見え、いじめがあること自体が見えなくなる。「孤立化→従属化→透明化」という、人を支配する知恵を、子どもたちが発見していくのです。ナチズムの支配の方法論もまさにこれです。

中井は次のようにも述べています。「その中に陥った者の出口なし感は、ほとんど強制収容所並みである。それも出所できる思想改造所では決してなく、絶滅収容所であると感じられてくる。その壁は透明であるが、しかし、目に見える鉄条網よりも強固である」(同上)。ある意味でナチスの収容所に匹敵するような孤立と閉じ込められということが、子どもたちの中に起こっているという現状を私たちは率直に見つめなければなりません。

この事態は、子どもたちのなかに、孤立から逃れて、共同的存在としての人間的本質を実現するために、暴力的な支配や被支配の方法を行使して何とか自分の居場所を確保しようとする「粗野な政治」が展開していることと捉えることもできるように思います。だから、そういう子どもたちの苦悩を克服するためには、子どもたちのなかに、共同的に生きるために人類が獲得してきた正義としての政治―人権、平和、民主主義、人間の尊厳、表現の自由―をどう取り戻すかが課題になっているのです。子どもが平和と安全と自由のなかで、他者と共に生きていくことができる空間をどうやって回復するかを考えなければ、子どもを救うことができなくなっているのです。他者に受け入れられ、他者とつながっているということを実現するために、さまざまな戦略を行使して子どもたちは必死のサバイバル戦争をしている。これはまさに人類が歴史的に繰り返してきた悲惨な政治の戦いだと、それが子どもの世界で再現しているのだと捉えることができるのではないでしょうか。

この悲惨な政治の展開を、平和と人権と民主主義によって切り拓く方法、人類が達成してきた社会的正義によって共同を作り出す政治を子どもの世界に生み出すために、親も教師もみんなが全力で子どもたちを支えなければ、子どもたちは絶望に、そして人間不信に陥らざるを得ない状況に置かれているのではないでしょうか。

この子どもたちの孤立と不安、暴力への恐れは、自己責任と競争と排除に曝されて生きにくさをいっぱい抱えている新自由主義社会の大人の苦悩と相通じるものがあるのではないでしょうか。人間の尊厳の感覚を子どもから奪い取るいじめは、新自由主義の孤立と自己責任で生きろという強烈かつ冷酷な現代の大人社会に溢れるメッセージが子どもも世界に呼び出してしまった病理ではないかと考えてみる必要があるように思います。

（四）憲法の社会的正義にたち、未来社会を構想する

（１）日本国憲法の社会的正義にたつ

私たちはいったい何に依拠し、人間の尊厳を回復し高めていくことができるのでしょうか。現代の病理が、新自由主義という巨大なグローバル化した資本の力によって引き起こされてきたということ、そして今まで私たちが議会制民主主義を通して国民の人権と労働権、人間の生存権の水準を確保してきたシステムが無力化されようとしていることを指摘してきました。この事態を克服するには、日本国憲法をもう一回、捉え直すことが必要だと思います。

日本国憲法は人類が到達してきた、平和によって生きるという方法と正義の到達点を示しています。人類社会は長い間、暴力が支配してきました。日本でいうと弥生時代の国家登場から、明治維新に至るまで、結局は暴力、すなわち戦争で勝つことによって誰が権力を掌握するかが決められてきました。ところが、市民革命が、この仕組みを、はじめて打ち破りました。全ての人間に基本的人権を認め、いかなる暴力も人権を侵すことはできないという規範を作ったのです。民主主義によって政府を作り上げ、この政府はあくまで個人の人権を守ることを最大の目的とするとされました。

私たちは、いまそうした規範を基本とする社会に生きているのです。それが実現していない国では、内戦や権力獲得を目指すテロが展開し、多大な困難を抱えています。

では、日本国憲法はものごとをどうやって決めるのかについて、どう書いているのでしょうか。意外に思われるかもしれませんが、「表現」という方法だけしか許していないのです。参政権、表現の自由、裁判を受ける権利、住民投票等々、いろいろなことを挙げてみても、国民が他者と社会に働きかけるために行使できる方法は、唯一表現だけなのです。今盛んに行われている国会行動も、表現を基本とする方法です。

なぜ、表現がそんな大きな力を持つか。私たちは言葉を持っているからです。人類は、生きていく過程の中で、価値を追求して、その成果を豊かな文化として蓄積してきました。科学技術や知、憲法に規定されている社会的正義等々、このようなものをお互いに価値として承認する力を身につけてきました。人が言葉で他者に働きかけるとき、そうした論理や、科学や、価値や、正義を一つの文章としてそのなかに組み込み、他者に働きかける価値的力を持ったものとして、他者に送るのです。

それを受けた相手は、送られてきた言葉のもっている価値が自分の中に蓄えている人間的な価値的判断力と共鳴して、共感を引き起こしたときに同意したり高めあったりする。「ここは違う」と思ったときには論争して、相手から説明がなされ、それに納得できれば受け入れる。他者への応答責任を背負うことで、客観性や普遍性を高めるように努力する。自分の価値と一致しなくても、合理性や人間性に合致しているときにはその多様性を認める。言葉の力は、その送り手と受け手が完全に自由で対等で、その意味で完全な平和と対等性が保障されているときに、最も強力に働くわけです。他者がどれだけ腕力が強いかは関係なく、他者から送られてきた価値と、自分の内部の価値とが、完全に自律した人格の中で葛藤し、何が正しいかを自分で判断して、そこに作り出された新たな認識が内面的に自分を突き動かすのです。その営みは、まさに人格的自由の土台でなされるのです。そのような言葉とコミュニケーションの力を人類は獲得し、その上に民主主義を成立させてきたのです。その力量によって、表現とコミュニケーションで社会的合意を作り出すという最も優れた平和的な方法を私たちは身につけてきたのです。それを政府を作り、議会を作り、社会を作っていく仕組みに具体化していったのが制度としての民主主義であり、その最高の平和的な方法が憲法に書かれているのです。

人類は暴力が支配する中で、どうやって人権や民主主義や平和というものが力を持つことができるのかを、必死に探究してきました。そしてようやく市民革命においてそれを一つの社会制度に転化したわけです。しかし、子どもたちはそのような歴史は知りません。未熟な自分本位性をもって生まれてきた子どもたちは、自分のやりたいことを他者に押し付けるというところから成長を開始する以外にないわけです。そこにいじめが起こる一つの理由があります。ストレスや孤立や自信喪失などの影響がいじめを深刻にしています。だから子どもたちに、この民主主義や平和の方法を全力で伝えていく必要があります。

いや、競争と自己責任のなかで、大人自身が「表現」と民主主義の本当の力を信じられないような状況におかれているように思います。「私には能力がありません」「自分がだめなのは、自己責任です」と思わされて、黙らされてしまう状況があります。そういう中では、「民主主義」なんて価値はないという感覚が生まれ、「私が何か言ったって、何の効果もない」と思わせられているのです。

しかし今求められているのは、弱い位置におかれた人々の思いが表明され、そこに人間としての正当な思いがあるという共感を広めることです。他者の共感を得ることを通して弱い位置におかれた者が人間としての思いを「声」として挙げ、それが社会の「声」になり、社会を動かす力になる、そういう性格を持った空間こそが、民主主義の空間であり、民主主義の価値を実感させることができる空間なのです。これらはまさに日本国憲法が明記している人権が実現される場であり、平和的な人間の力が引き出される場なのです。ここにこそ、私たちの依拠する人間の尊厳を守り抜く方法があると思うのです。

国会前で「これが民主主義だ」と声を出し、そこに新しい民主主義が生まれつつあります。人が繋がり共感し合う横の民主主義が広まるとき、「あんな政治は許せない」と権力を批判し、国家政治を動かす縦の民主主義が強力に働くのです。だからこそ、こういう民主主義を眠らせておくために、安倍教育再生改革では、「自己責任」意識が浸透させられ、人権や生存権などの権利意識を持たせない教育が強められようとしているのです。

(2) 生存権と学力の関係―日本社会の未来像をどう描くか

憲法がもっているもう一つの重要な視点は、二五条の「生存権」です。この生存権は、誰が読んでも明確なように「条件」は付いていません。社会的地位、門地、能力、障がい、男女の性別などによって一切差別されないものです。

では、学力によって差別されていいのかということを考えてみましょう。「お前は学力が低いから非正規雇用だ。ワーキング・プアになるんだ。人間らしい生存権は実現できないんだ」――憲法の生存権規定は、このことを許しているかというと、そんなことはあり得ません。にもかかわらず、私たちは、その人が正規雇用につけなくてワーキング・プアになることは権利の侵害ではなく、それは学力が低い、あるいは社会的自立力がないという自己責任問題だと考えている面はないでしょうか。

「それは理想だけれど、社会的には無理だ」と受け止められるのでしょうか。私は、その問題を今こそ本格的に考えていくべきだと思うのです。人間の労働力の生産性は、その人の生物学的な力だけで規定されているのではありません。その土台に巨大で高度な科学技術やエネルギーをもつ固定資本（機械や生産技術体系）があります。例えばトヨタという会社は、車を大量に作れる工場をもっています。ですから、普通の人間がその会社に入って、その固定資本の上で仕事をすれば、非常に高い生産力を実現できます。過去の労働が作り出した巨人な富と文化、機械やコンピューターや知識を用いれば、ほんの少しの力があれば、昔の人たちができなかったようなものを作れるという、歴史的に最高の生産力水準を私たちは確保しているのです。障がいがあっても、高度な生産労働に携わることもできるようになりつつあります。

しかし現実には、どんな産業を展開するかは、グローバル資本の利潤獲得戦略によってますます強く規定されるようになってきています。できるだけ安い賃金で世界水準の商品を作るため、海外にアウトソーシングして低賃金で最高のコンピュータ商品などを作る。加えて、最も優れたアイデアと知識と技術を持った人間を確保して、その人間の知識で特別なブランドを付けて商品を売り出すと、それがグローバルな世界で一挙に売れて、億単位の利益が獲得できる。そうした高度な労働者しか正規雇用しない。日本の農業などはグローバルな競争力が低く、膨大な利潤を上げる分野とは見なされず、外国から食料を輸入してそのグローバルな流通過程を巨大資本が掌握したほうがよほど儲かる。その結果、農業などの地域循環的な産業は空洞化し、過疎が一層進行する。そのため学力の高いものしか働く場がなくなることにもなってしまいます。

しかし、グローバル資本にとっては儲からないとしても、その社会が社会として豊かに展開していくための労働はいくらでもあります。福島の原発事故で、東北の農村地域は衰退していくという動きが強まっています。しかし、太陽光発電などの再生可能エネルギーを広大な農村地域で作り出し、原子力や火力発電とは違うエネルギーを作り出す技術がどんどん発展しています。日本のように巨大な富を生み出している国であれば、そのうちの幾分かを農村地域に再配分して農業で生きていけるという生産システムを作ることも十分できる。そして日本の自然が持つ豊かな環境を維持し、地球温暖化を防ぐ酸素の供給や観光なども活性化できる。そのようにして、どのような人も働ける場を作り出していけば、高い生産力の水準を持っている日本が、二十一世紀型の維持可能な社会と生産体系を作り出していける。学力が少々低くても、その人が「私の仕事はここにある」と自信を持って取り組めば、たとえ他者と比べて能力が低くても、長いこと訓練して獲得した自分の能力は社会の役に立ち、同時に自己実現を担う力、すなわち自分にとってかけがえのないものとなるのです。そのような場があれば、みんなが学習を求め、自分を好きになれる。豊かさというものはまさにそうしたことが実現できるような社会のありようのことではないでしょうか。

そう考えれば、今、多くの人が働けない、働く場がない、派遣労働のように短期間でころころ変えられて労働の意味が感じられない、というような残酷な状態を克服する条件は、経済的には形成されているはずです。しかし、グローバル資本の利益の視点から世界を改造し、国際競争に勝つためには国民の人権や生存権が奪われてもやむを得ないとして、どんどん非人間性を拡大していく新自由主義の政策が、強引に進められているのです。

日本の誇りということを安倍首相はいろいろ言います。しかし、侵略戦争への反省を徹底することこそが今、日本に求められている国際的な責務であり、それを達成する厳しい歴史反省認識こそが、日本の誇りを高めるのです。危険な原発をやめて、火力発電も最小限に抑え、再生可能エネルギーによってまかなえるエネルギー大国を日本が作り出せたら、中国社会を初めとする世界のエネルギー問題解決にも大きな寄与をすることができるでしょう。

少なくとも日本は世界の中で最も豊かな国です。日本の大企業の中には三百兆円をこえる内部留保があるわけです。これらの富を、国民的な新しい社会を作るために、国民主権の下において使うならば、新しい社会の形成に大きく進むことができます。そのような世界のどこにも未だ出現していないような新しい二十一世紀型の日本社会を作っていくことが、私たち日本人の真の誇りを生み出すに違いありません。それは人類史に新しい歴史を開く先頭に立つ日本の創造に繋がるに違いありません。

そうした中で子どもたちが未来を目指して、希望を持って生きられるならば、多くの問題を解決していけると私は考えています。今その理想を見据えることが、日本社会を破壊しつつある危険な政治を超える希望とエネルギーに繋がるのではないかと思います。

この本では、以上に述べたような現代世界認識の枠組みに立って、道徳と政治と教育の不可分な関係をとらえ直し、共同的存在としての人間的本質を実現するすじ道を探究していきたいと思います。

第Ⅰ部　道徳と社会

第1章　今求められている道徳性の教育とは何か
――安倍内閣の道徳教育の狙いを批判する――

はじめに

道徳を教科として設置することが、社会をよくし、子どもたちの成長を健全なものにするとのメッセージが、安倍内閣や教育再生実行会議（教育提言を行う安倍内閣の私的諮問機関）などから発せられている。しかしそれは本当だろうか。

今、日本社会には、個人の側の責任に帰することのできない問題や矛盾――格差と貧困――が驚くほどの深刻さを伴って出現している。年収二百万円以下のワーキング・プアは二〇一四年千百三十九万人、労働者の四人に一人、非正規雇用が四割、二千十二万人に達し、女性は五七・二％、十五～二十三歳の若者では五〇・五％となっている（総務省統計）。子どもや若者は、将来に対する深い不安を胸に、競争に追い立てられ、底辺では人間的ケアを奪われたり虐待にさらされたりする事例も広がりを見せている。貧困が直ちに子育ての困難と教育格差に直結し、教育格差がさらなる貧困を呼び込むという貧困スパイラルが起動している。いったんこういう貧困におちいると、そこから這い上がることが極度に困難になり、誰も救いの手を差しのべてくれず、人間としての誇りや意欲をも奪い去り、絶望に陥れるシステムが、社会の土台に深く組み込まれつつある。それは社会の道徳性の大きな後退、人権や生存権保障という正義の後退に他ならない。

社会の仕組みや他者の支えを信頼して安心して生きることができるという信頼感が、一挙に低下している。生きる希望を奪われている人がすぐそばで苦しんでいるのに、周りの人間が、それは「自己責任」だと手をさしのべないままでいるような状態は、それこそ社会的な道徳性の後退というべき事態であろう。

にもかかわらず、道徳教育推進のメッセージは、社会の規範を守る個人の道徳性の弱まりこそが現代日本社会の活力を衰退させ、社会の安全を低下させているとして、問題を個人の規範意識や心構えの教育、自力で生きていく「強い」人間になれという「生きる力」を競わせる教育によって解決できるとしている。ここにある問題のすり替えを見抜かなければ、問題の本質は見えない。

（一）社会の道徳性の後退は何によって引き起こされているのか

まず最初に、この二十年ほどの間に、現代日本の社会制度に組み込まれた道徳性の水準の意図的な切り下げが、政府の「規制緩和」政策によって推進されて来たことを、率直に指摘しなければならない。

グローバル競争社会では、賃金の高い国の労働者が、発展途上国の無権利な低賃金とフラットな平面で競争させられ、安い賃金で働かせようとする雇用制度を先進国にも広げようとする圧力がかかる。国家権力をも左右するほどの力をもつに至ったグローバル資本は、旧来の国民国家に対して「世界で一番企業が活躍しやすい国」づくり（安倍首相の所信表明演説二〇一二年十月十五日）を競わせ、そのためにそれまでに国家単位で高められてきた人権や労働権の水準を一挙に解体、低下させることを国家政策として遂行させようとする。新自由主義国家とはそのような政策を自らの使命として引き受けるようになった国家（政府）のことに他ならない。小泉政権や安倍政権はそういう新自由主義政策を強引に推進してきたのである。「規制緩和」とは、今までに達成されてきた人権や労働権の水準を引き下げるという宣言に他ならない。

ここで、そもそも道徳性とは何かについて、考えておこう。歴史的に見れば、道徳性は、その社会の秩序を受容し、その社会に同化して生きる人間の内的な規範意識として形成されてきた。その判断力がことさらに「道徳」として意識されるようになったのは、国家の出現と関連している。階級的な支配秩序を民衆の、あるいは支配階級自身の内的自己規範とするために、道徳律が定められ、それが様々な仕方で、教化されてきた。しかし市民革命は、このような封建的、身分制的な社会秩序を否定し、普遍的な基本的人権の承認の上に、市民こそが社会的な秩序の創造主体であり、権力もまた国民主権を実現する仕組みであると捉え直した。国家の側が絶対的な秩序を規定し、それを受容することが道徳性であるとの認識が転換され、国民こそが社会秩序と道徳性を形成し、決定する主体となったのである。

加えて重要なことは、そのような市民革命を経て人類が到達した社会的正義、人間的正義は、社会の仕組みと政治の制度に組み込まれたという点である。基本的人権の保障、人間の平等、各種の社会的差別の禁止、市民的自由の保障、暴力による人権や生命の剥奪の禁止、議会制度などの政治参加制度をとおして国民主権政治を生み出すこと、連帯による生存権保障、等々。そしてこれらの社会的正義、社会秩序の基本原理は憲法に書き込まれた。そしてそのとき以来、社会の道徳性は、憲法的正義の継承発展として、したがってまた憲法的正義を担うことのできる主体を育てることが道徳教育の中心的な目標とされるようになったのである。

もう一つ指摘しておこう。市民革命は、二つの新しいシステムを生み出した。一つは国民主権政治の仕組みであり、もう一つは資本主義の経済システムである。しかし、アダム・スミス以来の経済的自由主義の考えは、国民主権政治が経済の世界に介入することを拒否し、経済は市場の論理、すなわち資本の競争が生みだす経済世界の自律的な論理（アダム・スミスの「見えざる手」の論理）に任せるべきだという主張をもっていた。その意味では国民主権政治が決定した人権保障などの憲法的正義は、経済世界へ自動的に及ぼされるものとは考えられていなかったのである。しかし粗暴な資本の自由が展開した結果、労働者は激しく搾取され、貧困や人権侵害が深刻化した。そのような危機に直面して、やがて、国民主権政治の権力は、経済世界へその統治を及ぼし、各種の「規制」――児童労働の禁止、八時間労働制、不当な解雇の禁止、各種の保険制度の確立、失業などへの福祉の実現、企業からの法人税等の徴収、等々――をかけるようになった。その意味では、資本主義社会における人権、労働権と生存権を実現する社会的正義の水準は、国民主権政治による経済世界、すなわち資本＝企業への強力な規制によって維持、発展させられてきたのである。

ところが、新自由主義国家とは、このような国民主権政治による経済世界への規制を「緩和」（切り下げ）することを中心的な課題とするようになった国家、いままでの政治によって達成されてきた社会的正義の水準を切り下げることを基本的な課題とする権力として、出現しているのである。だから、新自由主義化した自民党政権、特に安倍内閣は、グローバル資本の利潤を最大化するために、雇用規制を大幅に緩和し、労働者の賃金や待遇を切り下げ、これでは生きられないと声を上げようとする国民の民主主義的政治参加を阻止しようとする政策を立て続けに打ち出しているのである。そこに今日の社会制度に組み込まれた道徳性の危機が引き起こされる必然性があるのである。

（二）安倍内閣は道徳教育へ何を求めるのか

そのような社会破壊ともいうべき安倍内閣の新自由主義政治に対して、国民の批判や反撃が起こらざるを得ない。だからそのような国民の抵抗が生まれることを阻止し、グローバル資本の競争を支える日本社会の仕組みを実現するためには、国民の価値観や規範意識をその目的に合ったものにするための教育が、不可欠となる。その中心的なねらいは二点である。

第一には、この新自由主義的な苛酷な競争社会を「自己責任」で生き抜く「生きる力」をもった国民を形成すること、第二には、このような社会改変を受け入れ、自らも推進するような社会観、国家観を国民にもたせ、グローバル資本が世界競争で勝ち抜く政策を、自らも所属する共同体としての日本社会がサバイバルするための不可避の政策として支持する国民意識を形成することである。

その内容を少し区分して検討しよう。その際、安倍内閣の社会観や道徳観、人権観をリアルに表している自由民主党の「日本国憲法改正草案」(二〇一二年四月二十七日、以下「改正草案」と表記)の特徴をも併せてみておこう。

(1)グローバルな競争を生き抜く「生きる力」を獲得させること

世界競争のための賃金や雇用の格差化を受け入れさせるために、学力や能力の達成度に応じて人々が社会的待遇を格差的に受け取る競争の仕組みが不可欠だという社会観をもたせることが不可欠となる。そのため、競争に勝ち抜く努力と決意、自分に割り当てられた格差を自己責任として引き受ける覚悟が個人の側に求められることになる。

その背景に、一九九五年に日経連(当時)が提起した「新時代の『日本的経営』」という雇用政策がある。これは、労働者を「長期蓄積能力活用型グループ」「高度専門能力活用型グループ」「雇用柔軟型グループ」に分け、派遣労働者や非正規雇用を大量に作り出す政策である。そのため非正規雇用は今日では四割を超え、福祉政策の後退と相まって、ワーキング・プアが四人に一人にも上る事態が出現した。このような雇用政策に異議申し立てをせず、労働者間の能力競争で勝つことで、安定した雇用や賃金を獲得しようとする意識をもたせることが、ねらわれている。

このことと表裏の関係にあるが、社会問題に目を塞ぎ、生きにくさや格差を、全て自分の自己責任として引き受けて生きる態度の形成が目的となる。競争は、社会の活力を引きだす当然の方法であり、その結果としての格差を、人間の努力や能力の差によって生みだされる避けがたいものであるとして受け入れる態度を求める。そのような態度や価値観の育成のために、人権を主張せず、福祉に頼らず、問題が起きればたえず自分の努力や心のもちかたの弱さの結果として、その困難を潔く引き受ける態度の育成がねらわれている。そのような生き方でサバイバルした人々のなかには、競争で脱落する人の「努力不足」や、福祉に助けられて生活を立て直そうとする人々へのいらだちや批判の意識が生みだされ、それがさらに競争と自己責任を求める声を高めていく。弱さを背負わされた人々が攻撃の対象とされ、社会からの排除の圧力を受けるようになる。

文科省が作成した道徳の副読本『私たちの道徳』（二〇一四年度より配布）は、たえず自分を見つめ、反省し、努力のたりなさを克服するような呼びかけに満ちている。また心理学者の河合隼雄氏が作成に関わった文科省の旧版の副読本『心のノート』（二〇〇二年度～二〇一三年度に配布）では、カウンセリングの手法などを使って、たえず自分の内に向かって問いかける手法が導入された。それらの結果、文科省が進める道徳教育は、社会の問題を探究する目を閉じさせ、個人の心のありようへと道徳性を一面化させ、社会の規範や秩序へ同化していくことを求める傾向を強めている。そのため、道徳教材の中に、人々がなぜ貧困や社会排除に陥っているのかを議論し解明していく実態の記述や調査や分析が見事に欠落している。それは社会の側の道徳性の水準を一切問題にしない道徳教育観の端的な表れである。

(2) 人権意識と国民主権理念を大きく後退させること

「自己責任」意識をもたせるためには、できるだけ人権意識を鈍化させ、また人権の行使を制限することが必要だと考えているのであろう。そのことは、自民党の憲法改正草案に実に率直、大胆に書きこまれている。

「改正草案」では社会契約説的な記述――「国政は、国民の厳粛な信託によるものであって、その権威は国民に由来しその権力は国民の代表がこれを行使し、その福利は国民がこれを享受する」（現行日本国憲法前文。「人民の、人民による、人民のための」というリンカーンのゲティスバーク演説にも対応している）――が削除され、天皇が元首とされている。前文をみると、現憲法では、主語が「日本国民は」とあるのに対して、「改正草案」では、「日本国は」と国家が主語となり、「長い歴史と固有の文化を持ち、国民統合の象徴である天皇を戴く国家」を、国民が「国と郷土を誇りと気概を持って自ら守り、……家族や社会全体が互いに助け合って国家を形成する」としている。そして「日本国民は、良き伝統と我々の国家を末永く子孫に継承するために、ここに、この憲法を制定する」と書かれている。そのために、国家の存在価値を実現する義務を背負った帝国憲法的な現代版の「臣民」規定が導入されている。国家権力と人権の関係が百八十度逆転させられようとしているのである。

現行憲法では、人権の絶対的な保障が書き込まれている。その制限は、「人権相互の衝突」という場面を想定して、「人権」それ自体のもつ本質から生まれる「内在的制約」のもとに行使されなければならないという意味で、「公共の福祉」に反してはならないと規定されている。しかし「改正草案」は、「公益及び公の秩序に反してはならない」とされ、表現の自由や結社の自由についても、それに反すると権力が判断すれば、恣意的に人権制限を行う可能性を開いている。政府の政策が「公益」のために実施されているという論理がここに組み合わされるとき、政府批判は憲法によって封じられることになる。

「改正草案」の「Q&A」では、「憲法によって保障される基本的人権の制約は、人権相互の衝突の場合に限られるものではないことを明らかにした」と堂々と説明しているのである。これは治安維持法的規定とすら言いうるものである。憲法から「個の尊厳」という内容を含んだ「個人」という言葉がなくなり、生物学的な「人」という概念に変えられていることも見逃せない。

「改正草案」には「自由及び権利には責任及び義務が伴うことを自覚し、常に公益及び公の秩序に反してはならない」（一二条）と書き込まれている。文科省の進める道徳教育でも、一方的な権利の主張が利己主義をもたらしていると言わんばかりの扱いがされている。しかしはたしてそうだろうか。人権の主張は、自分だけの人権ではなく、他者の人権をも尊重するということである。したがって、徹底した人権尊重の理念は、他者の人権を守る姿勢をも作り出すものである。人権の主張と他者と共に生きるための道徳性が対立するものであるかに描き出すことは、そもそも根本的な誤りである。国家権力は国民の基本的人権を侵してはならないとするのが、近代憲法の基本精神である。この人権理念を後退させることが、道徳教育でねらわれているのである。

(3) 国家との一体感の形成、愛国心の涵養

安倍内閣は、実際には日本社会の破壊と解体を進める新自由主義政策を強引に進めているが、その本質を国民に見破られるならば、政権が崩壊する。それを避けるには、安倍内閣を国民のための政府として偽装することが不可欠となる。そのため、国家と一体化するなかに個人のアイデンティティを実現しようとするナショナリズムの心性を育てることが目指されている。政府は日本という運命共同体の共同性を担った存在であり、国民一人ひとりのアイデンティティは政府と一体化し、政府を支持することによって実現されるという意識を育てる道徳教育である。

そのために、先にも見たように、「改正草案」では、国民の「人権」ではなく「国家」の価値がまず主張されている。そしてこの国家の価値を実現するために、国家的利益(「公益及び公の秩序」)に従い、人権の行使を抑制し、さまざま「義務」を積極的に担う国民像が提起されている。

「改正草案」は、国民が、「国と郷土を誇りと気概を持って自ら守り…国家を形成する」、「……活力ある経済活動を通じて国を成長させる」、「良き伝統と我々の国家を末永く子孫に継承する」などを憲法的な目的として生きることを求める規定を書き込んでいる。

さらに条文には、国民の義務として、「国旗及び国歌を尊重する」義務（三条）、「領土等の保全」に「協力」する義務（九条）、「公益及び公の秩序」に反しない義務（一二条）、「家族は、互いに助け合」う義務（二四条）、「（住民として）地方自治体の負担を公平に分担する義務」（九二条）、「（緊急事態時に）公の機関の指示に従」う義務（九九条）、等が新たに書き込まれ、加えてそのような憲法に規定された義務に忠実に従うべく「憲法尊重擁護義務」（一〇二条）が国民に課せられている。国家を統制する憲法が、国民を統制する憲法、憲法にあらざる憲法へと書き換えられようとしている。

ここに示されたような国家との一体化、国家を維持発展させるための義務を引き受ける国民（現代版臣民）意識の形成が、道徳教育の目的となっているのである。そのため、文科省の道徳の指導資料のテーマには、「日の丸の旗」「国を守った小さい腕」「富士と北斎」「わたしたちの国」「日本のたから」「国を愛する心」「国土にそそぐ愛情」「日本美の発見と創造」「愛国心」などがいっぱい並べられている。

（４）世界に軍隊が出て行って戦争をする軍事大国化を受け入れる意識の形成

さらにこの間、安倍内閣は憲法第九条の解釈改憲を強行し、戦争法を成立させ、自衛隊の軍隊としての海外派兵を実現しようとしている。この戦争のできる国家体制を国民に受容させる大国意識の形成が、道徳教育の大きなねらいとなっている。

安倍内閣は、教科書検定を強め、政府見解を教育内容として子どもに教え込む検定基準を設定した。おそらく今のままでは、次回の教科書検定では、二〇一四年七月一日に安倍内閣が決定した解釈改憲を政府見解として記述することが強要され、子どもたちに教えられるようになるだろう。安倍首相は、自らが進めようとする政策、日本の軍隊を海外に展開させることを「積極的平和主義」と名付け、教育の場でもこれを教え込もうとしている。「憲法改正草案」は、「平和的生存権」規定を廃棄し、集団的自衛権が読み込める規定を採用し、「国防軍」を持ち、軍事裁判所を設置し、世界に軍隊を展開させる憲法枠組みを組み込んでいる。いったん「国防軍」が行動を開始すれば、これに協力することが国民の義務となる。

そのためにも、日本国憲法前文にも明記されている戦争反省を「改正草案」で取り除き、また平和のためには軍備の増強、日本の軍事大国化が不可欠であるとの意識をもたせ、また過去の日本の侵略戦争の事実を押し隠し、日本のアジアへの侵略戦争は日本の防衛のためであったとする歴史観（いわゆる靖国史観）を押しつけようとしている。そして教科書採択に当たっては靖国史観に立った育鵬社の歴史や公民の教科書採択を進めている。安倍いま安倍内閣の自民党員の閣僚のほとんどがこの靖国史観の持ち主となっている。

首相、麻生副総理、高市総務相、岸田外相、馳文科相、中谷防衛相、管房長官……等々。（二〇一五年段階。二〇一六年九月の内閣改造でその性格はさらに強められている。）

日本国憲法の平和的生存権と第九条の規定は、侵略戦争を仕掛けたアジアの諸国に対する日本の戦争反省の表明と平和への誓いでもあった。もはや二度と軍隊をもって他国に戦争を仕掛けるような仕組みをもたない国家に生まれ変わり、新しい平和の道徳性を身につけた国家として再出発するという宣言であった。それを投げ捨て、しかも日本は侵略戦争をしたことなどないのだという安倍首相の戦争観をセットにして、世界に軍隊を展開させる軍事強国となることを宣言しようとしているのである。それはアジアの人々に、新たな恐れと危惧を呼び起こし、平和のための共同を後退させる可能性がある。

(5) 地球環境の持続と平等で平和な世界の形成の課題を取り上げない

いままであまり批判の論点として指摘されてこなかったが、政府が進めようとしている道徳教育には、いまや緊急のものとなりつつある人類的な課題を考えるという点で、次のような課題認識の欠落があることを見逃してはならない。それは地球的な環境の危機、世界の貧困と格差の拡大による戦争の拡大、間近に起こりうる世界的な食糧危機などに対して、人類がいかに対処していくかという課題に正面から向き合い、それを解決していく力量と価値意識、世界の民衆との連帯の意識を育てるという課題である。

なぜそういう欠落が生まれるのか。それは、いまの安倍内閣は、グローバル資本の利潤獲得を最大の目標とする政治、すなわち「企業が一番活動しやすい国」づくりを進めようとしているからである。地球温暖化や資源の浪費、大量消費の追求、世界の格差と貧困などは、巨大な利潤を獲得しようとするグローバル資本の世界戦略によって生みだされ、危機に向かって進みつつある。この危機を克服するには、環境に優しい生産体系、膨大な国家予算で維持された大きなリスクをもつ原子力発電からのできるだけ早い撤退、温暖化ガスを排出しない再生可能エネルギーの実現、発展途上国からの搾取を押さえてグローバル資本に蓄積されつつある巨大な富を発展途上国に再分配するような強力な政治、国内と世界のさまざまな条件を持った多様な地域に多様な生産と生活が可能になる価値の地域循環システムの形成が求められている。そのためにはグローバル資本に対する強力な、世界的な規制が不可欠になっている。OECD（経済協力開発機構）の調査では、パナマ文書で暴露されたようなグローバル資本の戦略で、世界で年間約二十六兆円もの税金逃れが生まれていると報告されている。

道徳教育では「畏敬の念」が強調されている。しかし、もし本当にそれを問題にするならば、地球がもつ絶妙の環境バランス、その上に今日の人類の文明が形成されている奇跡に対して、敬虔な態度を取り、その破壊を押し止める最善の努力を開始することが求められている。膨大な富を、自らの利潤獲得戦略のために資本が勝手に使い道を決定し浪費するのではなく、この人類的な課題の達成のための技術や生産様式、生活様式、格差の縮小、人々の生存権保障のために利用する仕組みを生み出すことが不可欠になっている。このことはいま、特に豊かさを享受している先進国の国民が取り組むべき人類的な課題となっている。しかし、そういう課題を共通の認識として獲得させる教育の必要は、道徳教育の目的にはほとんど掲げられていない。

(三) 道徳の教科化がもたらすもの

道徳の教科化は、何をもたらすのか。既に一九五八年の特設道徳の出発によって、政府の意図する道徳観を教え込む道徳教育の復活が推進されてきた。しかしこの特設道徳は、教科書をもたず、現場の課題に応じて教師や学校が自由に自主編成することが可能であった。ところが教科化によって事態は根本的に変化する。

第一に、教育内容が国家によって一方的に決定される仕組みが強力に発動する。一般の教科は、少なくともそれに対応する科学が認定した知識や見解が、教科内容のプールとなる。そこにないものを内容とすることは文科省としてもむずかしい。ところが道徳科についてはその土台として認定された科学がない状態である。そのため、文科省が必要と考えた内容がそのまま教育内容となる。国民の価値観の中核を占める道徳観が、文科省の一方的選択によって決定されようとするのである。現に文科省が提示した道徳の学習指導要領の道徳内容を示す「項目」には、人権、平和、民主主義、生存権保障、幸福追求の権利、働く権利、貧困の克服、等々が欠落している。教科書会社には、何とか勇気をもった挑戦を期待したいが、今のままでは危うい。国民的運動が求められている。道徳的価値観の国家的統制と教化が一挙に進む可能性がある。

第二に、検定教科書の使用が教育現場に強制される。教科書使用義務が強調され、また「道徳推進教師」が一つひとつの学校の道徳教育授業を統括する可能性がある。道徳科については、その内容や方法までもが、教育委員会―校長―管理層教員という階層的管理構造に組み込まれようとしている。こうなると、年間スケジュールに沿って、決められた道徳項目(徳目)が授業として教え込まれ、さらには、その徳目の実践としての行動スキルが子どもに課せられることになる。これでは個々の教師の自由な努力で、教科書を批判的に読み解いたり、学級づくりに結びついた生活指導として道徳科内容を自主編成したり、社会的な正義はどうあるべきかを現実社会の調査にもとづいて討論するようなことは、厳しく監視され排除される可能性が高い。教科書は、教育内容と授業の徹底した監視と方向付けの道具となる危険性がある。

第三に、子どもへの評価が行われることである。今のところ記述式評価とされているが、そもそも徳目を教え込むような授業で、子どもの行動に向けられる評価は、人格管理の方法となる可能性がある。国旗・国歌に対する忠誠の態度もその評価の対象となるだろう。子どもの人格と行動を集団的な「秩序」、「公的秩序」に沿って管理していく方法としての評価が、公然と学校教育に持ち込まれることになる。そもそも個々人の内面的な価値規範に対して、「評定」化された評価を行うことは、教育の自己否定というべきものである。それは、評価という権力を与えて、教師を国家的な価値統制の担い手として子どもの思想や価値観の管理に向かわせようとするものである。

断っておくが、教育において、教師は、子どもの関心、意欲、態度を深く読み取り、評価し、それを発展させ、活性化するために、様々な工夫を求められる。しかしその評価を、子ども自身の「心」の評価として「評定」してはならないのである。

補足するならば、おそらく、教員養成段階において、この指導要領に規定された性格の道徳科に対応した教員養成のための「道徳科教育法」や道徳科カリキュラム論等の設置が検討され、大学の教員養成教育をも強力に統制する方向が進められる可能性がある。

このような性格を持った道徳科が学校教育のなかに組み込まれることで、学校全体が、安倍内閣の意図する国民意識形成の強力な手段へと改造されようとしている。

(四) 道徳性と道徳教育の危機にいかに対処するか

(1) 主権政治による社会の道徳性の回復

以上に見てきたような道徳性と道徳教育の危機に対して、いかに対処するのか。いままで述べてきたことからするならば、二つの面から対抗していくことが必要となる。

一つには、国民主権政治の力によって、社会的正義の後退を押し止め、社会の道徳性の水準を改めて回復し、人々が安心して生きられる社会を取り戻すことである。新自由主義は、グローバル資本の要求に従って、主権政治による企業活動への規制を取り払うことで、国民の中に深刻な格差や貧困をもたらしている。すなわち国民主権という仕組みが生み出す社会的正義への要求を拒否することで、子どもや若者の未来への希望を奪おうとしている。この事態に立ち向かわなければ、人間としての誇りも生存権も危機に陥らされていくだろう。競争に勝ち残れないのは自己責任だとして困難の中にある人々を見殺しにする社会を組み替えなければ、人間の尊厳を守ることはできない。

それは、人々がどんな社会を構想するか、そしてどんな政治を作り出すかにかかっている。その意味では政治選択の力量の中に、現代の道徳性が問われているのである。十八歳選挙権が実現され、若者の政治参加が期待されているが、それは、より多くの若者が、社会のありよう、制度のなかにいかなる正義が求められるのか、現代政治ははたして人権や労働権や生存権という日本国憲法が保障する諸権利をどこまで実現しようとしているのか、そのより良い実現を何が妨げているのか、それを克服するためにどういう政治を生み出す必要があるのかの判断に有権者として直接参加することを意味する。それは、今日における国民の道徳性が問われ、議論され、高まっていく最も重要な機会ではないか。国民主権政治こそ、現代における社会的正義、社会の道徳性の水準を決定し、高めていく基本的な制度的仕組みなのである。国民の、そして子どもたちの道徳性の発達は、このような政治のプロセスへの国民参加を基盤とした国民主権政治の活性化のなかでこそ、実現されていくのである。その意味では現代社会における道徳性の回復は、学校教育の課題である前に、社会そのものが、そして大人自身が担うべき課題であり、政治の課題なのである。

補足として述べておくならば、先に見たような「憲法改正」による社会的正義の切り下げを許さず、国の政治や社会の仕組みを憲法的正義の上に築くという立憲主義は、政府そのもののあり方に課せられた道徳的規範としてとらえられるべきものである。

(2) 教科「道徳」にどう対処するか

もう一つは、もちろん、学校教育において、子どもの道徳性の発達を推進する教育を、安倍内閣が推進しようとしている「道徳科」の教育に対抗して、進めることであろう。その際「対抗して」という言葉の意味を次のように考えておく必要がある。

第一に、実は、最も効果的な道徳教育の場は、教科学習と生活指導(自治の指導を含む)の場にあるということである。先に安倍内閣の目指す道徳教育の意図を分析したが、改めてその内容を見ていただければ明確なことであるが、そこに関わる価値内容を吟味し、批判し、どのような価値や規範が求められているのかを検討することは、社会科などを中心とした教科の学習においてこそ可能になることである。人権問題しかり、格差貧困問題しかり、平和をどうやって実現するかの探究しかり、愛国心とは何かの探究しかり、なのである。

これらの問題について、道徳の徳目を教え込む性格を持った場の中で——いわば「反動的、反民主主義的」な道徳的価値の教え込みに対して——、その徳目に対抗して「進歩的、民主的」な道徳的価値を教え込むというような対抗図式で考えるべきものではない。国民主権政治は、既存の社会秩序を国民が批判的に吟味し、新しい社会の秩序と規範を自ら作り出していく営みである。したがってそのための社会的正義や規範は、既存の社会の徳目を教え込むものではなく、科学の方法や現実の調査などを土台にし、応答責任を背負った論争空間での議論と合意という方法を介して、国民自身が、また子どもたち自身が探究していくべきものである。それは、価値観や思想形成の自由の保障の下で、価値を吟味し探究していく教育・学習として進められていくべきものである。そして、それに最も適した学習の第一の場は、社会科などの教科学習の場なのである。

しかしそのことは、いま文科省が進めている教科の道徳主義化とは全く異なることである。本来、教科は、人類が探求し合意してきた知識や文化や価値の批判的継承を任務とする。社会科などはそういう点で、社会的正義や憲法的価値の批判的継承を中心的な目的としていたはずである。しかし単なる「正解」を伝達する暗記科目化し、教科本来の道徳性形成力を大きく喪失しているのである。その欠陥は、教科本来の科学の方法の回復によって克服されるべきことであり、決して教科に教え込むべき徳目を持ち込む仕方で行ってはならないのである。

また、道徳性の教育の最もリアリティーをもつ場は、生活指導の場である。現に起こっている道徳性の問題を解決するために、原因を明らかにし、間違いをただし、人権や平等や自由や民主主義の価値と方法を獲得させ、新しい関係と規範を再確立していくことが、道徳性の教育の最も現実的で切実な方法となる。道徳性を巡るトラブルや矛盾が起これば、これは生活指導で必ず取り組まれるべき課題となる。

すなわち、たとえ「道徳科」が出現したとしても、今日における道徳性の教育が遂行される基本の場が、教科学習と生活指導の場であるという基本原則は変わらず、そしてその二つの時間と空間そのものは決して消えてなくなりはしないのである。したがって、わたしたちが遂行すべき道徳性の教育の場は、まず教科学習と生活指導の場にあるということを改めて自覚しなければならない。そしてそこで、いかなる道徳性を獲得させるべきかの明確な目標や計画をもち、それを進めていくことである。

あえて重ねて述べれば、私たちの道徳性の教育の場、道徳教育実践の場は何よりもまず各教科であり、生活指導の場なのである。そしてそのことは今日の学校教育の基本原則であり、教科「道徳」が実施されたとしても、そのことは変わらないのである。

第二は、しかし現実には、「道徳科」という道徳教育の場が、先に見たような縛りをもって実施される。これに対しては、その場を、いま述べた教科と生活指導の場における道徳性の探究に深く結びつけて取り組むことが必要となる。道徳科で追求されるべき道徳教育の目標は、もちろん、いま述べた教科学習や生活指導を通して実現しようとしている目標と結びつけられる必要がある。そのためにも、子どもの実態に合わせ、またその学校における全体的な道徳性の教育の計画に沿って内容や教材を編成していくこと、そのための教師の教育の自由、学校の教育の自由を実現するたたかいが不可欠となる。

(3) 道徳性の教育において価値を「徳目」化しない

道徳科の道徳教育が、徳目主義に陥りやすいこと、教訓主義的な授業になりやすいこと、「正解」としての態度や行動様式を探させるような授業になりやすいこと、等々の、特有の歪みや傾向性を帯びやすいことについては、次ページの対比構図を示しておこう。

「徳目」化は、第一に、教え込むべき価値内容が上から押しつけられ、それに対する批判が許されないことによって起こる必然的な歪みである。特定の行動様式（たとえば国旗・国歌に対する態度など）と一体となった愛国心が強制されるような場合がその典型である。しかしそれにとどまらず、第二に、子ども自身が、社会的正義を発見し批判的に吟味する方法論や事実の科学的分析なしに、教材や教科書から「正解」としての規範を読み取ろうとすれば、そこで学ばせようとする価値は「徳目」化する。そのような性格は、わずか一時間や二時間の授業で、一つの道徳項目（徳目）を発見させねばならないという短時間で「正解」を発見させようとする性格を強制される時、より避けがたく

【図 - 1】

批判可能な「価値」の形成	獲得する価値の性格	徳目の形成
①憲法的正義に立って、人間の尊厳と基本的人権の確立をめざし、社会の正義と個の人間的正義をともに探求する。		①現存の社会秩序を前提として、そのなかで生きる個人の側の規範意識と自己努力だけを求め、憲法的正義に注目しない。
②個人だけではなく社会の道徳性や正義の低さや矛盾も批判的検討の対象とする。		②正義や規範は「徳目」として提示され、社会矛盾は批判的考察の対象とはならない。
③一般教科の科学の方法に依拠して、社会的正義の創造、獲得、継承を目指す。		③絶対的な徳目に照らし個の規範意識を吟味する。一般教科にも徳目を持ち込む。
④現場性を踏まえ、生活指導として、起こっている問題、矛盾の共同的克服として、道徳性を育てる。		④教科書と年間計画に沿い、徳目を「正解」や規範として教え込む。現場の課題に対して、集中的に取り組む「現場性」と乖離する。
⑤価値批判の自由、価値の多様性を前提としつつ合意していくという方法をとる。		⑤「徳目」を絶対的価値として提示し、それをどれだけ実践できるかを評価、訓練する。
⑥教科では、その文化的、科学的価値が直接子どもの価値形成に働きかけるものとなる。		⑥教材は「規範」、すなわち道徳的「正解」を埋め込んだものとして読み取らされる。
⑦自己の内的価値に従う人格の形成を目的とし、自主的、主体的判断力の形成を目指す。		⑦社会と国家の秩序、徳目に批判意識なく従い、権威に従う心性を育てる。
⑧他者への共感的理解に立ち、他者と合意を形成する応答責任力を育て、民主主義と自治によって規律と秩序を自ら生み出す。		⑧自己を規範に従わせる行動訓練によって、規範に従うことで秩序に従う。秩序を創る批判主体としての方法と自覚を育てない。
⑨問題解決の歴史主体としての 個（主権者）の形成、主権者意識の形成を目指す。		⑨既存の社会や国家秩序に従う国民の形成。主権者意識と切り離される。

なる。文学作品を短い時間で教訓として読ませるような指導もまた、文学としての本質的な力による教育ではなく、「正解」探しをさせることで、徳目の押しつけになる可能性が高い。そもそも、文学作品を、文学教育の方法とは異なった特別な「道徳的な読み方」で学習させれば、その作品がもっている文学的な道徳性形成力が高まるなどということは、あるはずがないのである。

そういう性格の克服は、道徳科においても、教科の学習の方法や生活指導の方法をしっかりと組み込むことによってしか克服できないということを指摘しておこう。

(4) 憲法的正義の実現を

最後に、再度強調することになるが、道徳性の教育は、人と人との関係を律する道徳性の面においても、基本的人権、平等、平和、民主主義などの価値と方法を獲得させるということをこそ中心的な課題として進められるべきことを強調しておきたい。いじめに対する取組もまた同じである。いじめは加害者と被害者の関係の中に、支配と従属、暴力の行使、差別などの関係を生み出す。しかしそれに止まらず、いじめを行っているものの権力的な支配の力学がそれを取り囲む観衆や傍観者にも及び、その支配の下で、正義の行動を取る勇気や認識がいじめの周りにいる子どもたちから奪われる状態をも生み出している。「いじめの四層構造論」（森田洋司・清永賢二『いじめ（新訂版）―教室の病』金子書房、一九九四年、参照）はそのようないじめの構造を鮮明にあぶり出した。その事態を打ち破るためには、子どもたちの関係の中に人権と民主主義、人間の尊厳を実現する価値規範と方法を実現することが不可欠となる。教師は全力をあげて、このいじめを生み出し拡大する教室の権力構造を組み替える指導、クラスづくりに挑戦しなければならない。それは子どもたちの中に、憲法的正義を確立することを意味する。いじめの加害者だけを犯罪者として取り締まるような方法ではなく、人類が長い苦闘の末に発見した憲法的正義を子どもたちに獲得させること、いじめの権力的支配構造に恫喝されて「傍観者」や「観衆」の位置取りをさせられている子どもたちにも、いじめを止めたいと思う気持ちを確かにするような働きかけが不可欠である。学校教育の全ての土台に、そういう視点が不可欠である。

社会の道徳性と個人の道徳性とは深く結合し、相互に支え合っている。そしていま、大人が生きる社会の仕組みのなかにこそ、道徳的正義の後退が起こっているのである。子どもたちはそのような大人社会を自分たちがこれからサバイバルしていかなければならない競争の場として見つめつつ、自らの行動戦略、行動規範を獲得していくのである。新自由主義が、国民主権政治による社会的正義の水準――その到達点としての憲法的規範――を切り下げてきたなかで、子どもたちの間で、人権や平和や平等や生存権や民主主義などの規範が見えなくなり、それらを自らの行動規範や生きる方法としてとらえることが困難になっているのである。そして競争を勝ち抜くこと、他者を支配すること、時には暴力によって自分を有利にしたり自分の要求を押し通す方法で生きるような道を選ばせるような社会の形成力が働いているのである。困難に苦しんでいる人々に共感し、互いに支えあう仕組みが広がれば、自分たちももっと生きやすくなるという感覚――人間的な共同や連帯によって生きるという生き方への確信――が持てなくなっているのである。弱さをかかえて生きることが普通であり、そういう弱さをもつものが互いに支え合っていく仕組みを作り出すことが社会的正義として憲法に掲げられていること、そういう社会をいま自分が生きているのだという理解と実感を持てるようにすることが、必要なのである。

安倍内閣の道徳の教科化政策に対抗し、それを克服していくためには、このような問題把握の構造が必要になっていることを強調しておきたい。

なお今日の道徳の教科化の問題点、わたしたちが進めるべき道徳性の教育の方法論などについては拙著『道徳性の教育をどう進めるか――道徳の「教科化」批判』（新日本出版社、二〇一五年）をあわせて参照いただきたい。

第2章　現代の道徳性を考える

――人間の尊厳への共感という力量の危機――

道徳のあり方を考える際に、そもそも道徳性とはどのような性格において把握されるべきかについて改めて検討しておく必要がある。社会の秩序があり、それを規範として内面化する力量が道徳性だとすることが常識的な理解かもしれないが、それだけでは見えてこないものがある。人間は共同的存在であり、その共同性を実現する方法論としてとらえることで、道徳性というものをより深く考えることができるのではないか。

(一) 排除と包摂

「なぜ人を殺してはいけないか」ということが話題にされたことがあった。豊泉周二は、その論争の経過を振り返りながら、他者とともに生きようとするものにとってはその理由は明白であると次のように指摘していた（注1）。

「なぜ人を殺してはいけないのか」――。難問のようだが、実は人間社会の存立という点から考えるならば、理由ははっきりしているとも言える。もしそうでなければ、人間の社会そのものが成り立たないからである。…（中略）…「なぜ…」という若者の問いかけは、本人の意図がどうであったせよ、自らの生きる社会の存立を直観できない、あるいは社会の存立を受け入れられない生きがたさを、暗黙のうちに社会に投げかけたことになる。

そもそも道徳性とは他者との関係性を律する規範意識であるとするならば、他者を視野に置かない孤立した個人にとっては、道徳性を考えること自体が意味をなさない。しかしそのような道徳性の基盤をゆるがすような孤立を生み出す社会排除が、深刻な社会的現実として広がりつつある。

秋葉原事件（二〇〇八年）や「黒子のバスケ」脅迫事件（二〇一二年）などの無差別犯罪において、その加害者は、殺人や危害の対象は誰でも良かったとのべている。黒子のバスケ事件を引き起こしたWは、自殺願望を抱き、それを「社会的安楽死」と呼び、自分のことを考えたり愛したり気にしたりしてくれる他者が誰もおらずこの社会になんの未練もなくなったような人物は、どんな犯罪を起こすことも躊躇しない「無敵の人」となるとし、そのような「無敵の人」を生みだす社会は崩壊していくだろうと述べていた（注2）。

他者との人間的な関係を奪われ、他者と共に生きるという人間的共同性を実現する道を断たれた時、人は、他者との関係を律する規律としての道徳性を自ら担う根拠も意欲も奪われてしまう。それは根本的な道徳性の喪失を意味する。そういう意味での道徳性の危機が、いま広範に生じている。

（二）道徳性の主体＝担い手になることと自分本位性

そこからは逆に、人は、どのようにして道徳性の主体となりうるのかが見えてくる。

エリクソンは、「基本的信頼感」という視点を提示していた（注3）。それは乳児・幼児期において、この世界は信頼に値するものだという感覚を身につけ、他者への信頼感を感覚、感情のレベルにおいて豊富に獲得し、そのような信頼に満ちた眼差しと刺激の中で、自己の能動性を発揮し、世界を心地よいものと感じ、世界へ働きかける意欲と自信を獲得していくことを意味している。

人間は、いわゆる生理的早産ともいわれる生物としての未熟状態で産み落とされ、身体から発する欲求を、ケアしてくれる他者に向かって一方的にぶつける。その意味で、幼児は、自分本位性のかたまりとして産み落とされる。そしてこの欲求に応えてくれる他者（母親やケアしてくれる大人）への信頼感を獲得し、能動的な世界への関わりを展開し、自分の存在への確信を形成していく。

外的世界が自分に与えてくれる信頼を介して、自己自身への信頼感もまた育まれる。しかし幼児はやがて、この一体感からの離陸を求められる。「離乳」、弟や妹の誕生、排尿や排便のコントロールをとおして評価にさらされることなど、その一つひとつの不安を、親との間に築いた「基本的信頼感」に依拠してのりきっていく。

やがて幼児は、自分本位性を互いにかかえた対等な他者――たとえば同年齢の幼児――との関係の中へ投げ込まれる。その時、この基本的信頼感は、他者へ共感し、他者とともに生きることの新たな喜びを感じる段階への飛躍の基地として働く。そのとき、子どもは、他者と共に生きるための方法と規範を自ら引き受けることができるようになる。そこで獲得される力は、子どもの道徳性の発達の基盤となる。

この飛躍をうまく達成できないとき、幼児的自分本位性の肥大化という病理が生まれる。外から要求をぶつけてくる他者を信頼することができず、自己の内的欲求にのみ固執し、その欲求の奴隷となる。そして世界と他者をも自分の欲求に従属させようとし、そのために他者を操作し、支配しようとする。それに対する外からの批判や抵抗は、自分に対する攻撃、自分の存在を否定するものと感じ、世界との敵対的感情を日常的に生きるようになる。社会的規範に従うことを求める働きかけは、自己の欲求を否定し、自分を否定する攻撃の一環として把握される。規範に従うのは、唯一、強権的支配に服従するときだけとなる。そして、支配と服従の力学にしたがって生きるようになる。

しかし重要なことは、そういう支配や暴力に依拠する関係性もまた、人間存在の共同的本質を実現する人間的情熱の一つの実現形態であるということである。竹内常一は、そういう心理構造と政治的性格との繋がりを指摘していた。このようなナルシシズム的あるいはサディズム的性格、自己の欲求に支配された身体感覚、他者の人権や尊厳への共感力の喪失、社会的、客観的な視点や第三者の視点を自分のなかに取り込んで自分を対象化する力量の未発達、それ故に強大な権威と暴力にのみ従順を示す性格は、それがいらだちを含んだ攻撃性と結びつくと、ファシズムの心性へと繋がる（注4）。

平和的な方法で他者と共同的に生きていく技の未発達、共感を土台として言語によって意思を交換していくコミュニケーションの力量の欠落が、平和の心性から暴力の心性へと向かわせる。それらの困難のため、現代を共同的に生きぬいていく積極的な道徳性の発達の土台が、崩されていく。

自分本位的性格を肥大化させる現代社会は、ある濃淡のバラエティーをもちつつ、このような幼児期や少年期の病理を増大させているのではないか。さらに加えて、社会排除の仕組みによって共に生きる他者が奪われ、それを補償するための支配と被支配の論理によって共同性を生きようとする衝動を呼び起こし、思春期や青年期におけるあらたな病理をも生み出しつつあるように思われる。

その心性と新自由主義の社会構造は親和的である。他者と共に生きることの豊かさや心地よさの感覚をもたないままに、競争を正義とし、勝利したものが社会を取り仕切ることを当然とする。時には弱者への攻撃性や侮蔑の感情をもち、それ故に弱者にペナルティーとして格差や貧困を振り分ける仕組みを、強い社会を生み出すために不可欠なものと考え、人権保障や福祉が社会を弱体化させるとすらとらえる。弱者を支配の対象と考え、その内面の苦悩に共感する力をもてなくなる。より強力な集団や共同体に自己を一体化させ、自己の有能感を高めようとする。排外主義的ナショナリズムもまた、新自由主義によってつながりを奪われ、社会排除や孤立不安にさらされることで呼び起こされる自己の無力感を、社会的弱者に攻撃を向ける強者を装った自分本位的社会集団の言動に一体化することで克服しようとする病理と言えるかもしれない。

(三) 空間の道徳性

今日の道徳性の歪みは、社会生活空間の関係性が、大きな歪みをかかえていることからも生まれる。排除を恐れるが故に、自ら強迫的に同調することで他者とつながろうとする戦略が、自己の主体性と自己表現を奪う。

私は、この数年、大学生に「いじめ・いじめられ体験」を書かせているが、読むのが苦しくなるほどの思いを抱く。「いじり」が非常に多くなり、そういう力学の中で、安全な位置を獲得するため、サバイバル戦略を必死で選び取っている。「いじり」で骨まで折られても、親や教師に自分で転んで骨折したと言って自分をとりつくろわなければならないような力学の中で、屈辱と無念を味わわされるような事件も学生の体験には記されていた。不登校になった、自殺を考えたという手記も少なからず含まれている。そういう中では、自分を主張する勇気が萎えさせられていく。表現の自由ではなく、どう他者に受け入れられる自分を演じるかに神経をすり減らしている。空気が読めない不器用さに対する軽蔑観を抱き、うまく対処できない「自己責任」として、いじめを仕方のないことと捉えてしまう。

一方で、その結果として、友人に不登校の苦しみや心身症を背負わせたことへの悔恨をも抱いている。「いじめの四層構造論」(森田洋司)を紹介すると、とても多くの学生が、過去の「観衆」や「傍観者」としていじめの空間で生きていた体験において、その力学に支配されて正義の行動をとれなかった自分の弱さを、悔恨を伴って想起する。彼等が生きてきた関係空間が、過酷なサバイバルのための「生きる力」を競わせる競争の場として機能しており、学生たちはその競争を必死で生き抜いてきたことに気づく。学生の多くはそのいじめ空間からのサバイバーであり、同時にトラウマをかかえた患者でもある。

残念なことは、教育という働きかけが、そういう場の力学に対する対決性をほとんど放棄していることである。いや、むしろ表現の自由を抑圧し断念させるヒドゥン・カリキュラムをもった場として授業が機能している。小学校の高学年になると自由な発言をシュリンクさせるメッセージが教室空間を飛び交う。「教師にこびたいのか」「内申点を上げたいのか」というような攻撃的なものから、間違うことへの恐れによる発言の拒否も重なる。ましてや自分の独自の考えを教室で述べるようなことは、「いじめの四層構造」に取り込まれたり、毎日ネット空間でハズされないための細心の心遣いをしているなかでは、不可能となる。それと正解を記憶していく受験学力獲得の空間とは表裏一体である。その結果、教室空間は、科学の規範の上で応答責任を背負い、自己の思考や思想を形成していく公共的論争空間としての性格を奪われていく。そのような否定的力学の存在を知ってか知らずか、そのような病理をかかえた教室空間をそのままに放置したままで、道徳の「徳目」が平然と教え込まれ、ただ形式的な論争を組み込めば学びが創造的となるかに考える皮相なアクティブ・ラーニングの手法が推奨されているのは、不思議な光景ですらある。

そしてそれらの要素の複合的作用の結果として、自己の中に深く組み込まれた葛藤を意識下に押さえ込み、社会のおかしさをおかしいこととして思考と感覚を意識化する回路を断たれ、新自由主義の競争の論理を当然とし、社会排除を個人の「生きる力」の欠落の結果として受け入れてしまう。そういう感覚的な体験を土台として、弱者への、人間の弱さへの嫌悪感を抱き、「弱さ」を見せない装いのために神経をすり減らすことになる。

現代における道徳性の回復のためには、社会的、人間的正義を主張すること、すなわち道徳性を実践することへの恐れを生み出すこのような社会や学校の力学を、どう取り押さえるかに挑戦しなければならない。その課題を把握できない鈍感さは、子どもの苦しみに共感できない教育と教師の退廃を意味する。

（四）人間の尊厳への共感と政治という方法による道徳性の回復

この悪循環は何によって引き起こされるのか。人間的共感力の欠落は、個人の苦悩を「自己責任」として封じ込める。他者の人権の剥奪に対して、その苦しみに共感して寄り添うのではなく、自分にその攻撃が向かわないように「教訓」を読み取り、攻撃を呼び寄せた「対処方法」の失敗を繰り返さないように「対応力」を磨く。その意味では個の尊厳を守る立場にたって人間的に振る舞うことに、驚くほどの勇気が必要な事態が、そしてその選択を多くの子どもが躊躇《ちゅうちょ》し断念せざるを得ない事態が、すでに日本社会の現実となっていることに危機感を覚える。一体どうして、そういう変化が、現代日本社会に生まれているのか。

そのときに改めて考えてみたいことは、実は、政治というものは、人間の道徳性の水準を規定してきた最も強力かつ基本的な方法ではなかったかということである。もちろん、封建時代やそれ以前の社会では、道徳性とは、その支配的な秩序、差別を含んだ身分制や封建制の規範の受容、同化、強制として存在した。しかし市民革命によって、その論理が百八十度転換した。権力のありようと社会の制度を批判的に吟味し、自分たちの人権と尊厳を実現するための秩序を作り――すなわち社会の道徳性のありようを選びとり――、権力を組み替えることが、主権者の権利として保障されるようになった。だからこそ、戦後日本においては、人権や民主主義や生存権保障の理念、日本国憲法の社会的正義こそが、社会の道徳性の到達点として承認され、したがってまた、社会科における憲法的価値の継承と生活指導や自治の活動こそが、道徳性の教育を中心的に担うとする教育のありようが、実現されてきたのであった。

しかし一九九〇年代半ばから、日本社会は、人権や労働権の水準を切り下げることを中心的な課題として引き受けた新自由主義の政治が、展開し始めた。そのため、非正規雇用が急速に拡大し、働く四人に一人がワーキング・プアとなった。国際競争に勝つためには、国民の福祉にお金をかけるのではなく、力のないものには低賃金をあてがい、競争の仕組みを徹底して、皆が生き残り競争に参加していく仕組み、競争の「強者」を生み出す仕組みを整えることが不可欠だとされるようになっていった。生活と労働の場で、多忙化が進行し、ゆったりとコミュニケーションし、心を通じ合い、人間的な共感を再生産していく余裕が奪われ、企業利潤を上げるための「合理性」の基準で人間の行動が隅々まで評価され、賃金不払いの長時間労働が競争のために当然視され、それに耐えられない人間は役立たずと評価されるような風潮が出現した。資本の利潤の論理から解放された生活の時間が縮小させられ、共同的に生きる社会のありようを考える民主主義的な政治の場も、親密な生活を豊かに築いていく時間も、奪われつつある。そして多くの人々の人間的な生存の権利も、低賃金の拡大によって危機にさらされつつある。そのため社会排除が、社会の底辺に深く組み込まれつつある。

社会排除は先に述べたように、個人が道徳性を担う人間的根拠を奪うものとして働く。現代の新自由主義社会は、そういう排除によって生みだされる社会の道徳性の危機に対して、規範を守るという形式を無限に強化し、動物的な調教と強権的な監視社会化で対処しようとしている。あるいはさもなければ、先に見たような支配と被支配の中に人間の共同性を実現するという悪性の人間的情熱、「存在的欲求を満たす」ための破壊的な「情熱」（注５）を生み出し、社会排除におかれた若者の孤独感を排外的なナショナリズムやファシズムの心性に取り込み、危うい共同性を生きさせる政治を出現させるかもしれない。道徳性の危機は、社会の危機と不可分なものとして展開している。そこに引き起こされる人間の危機を、社会そのものの共同性の破壊によって生みだされた社会病理としてとらえることを、今日の道徳性を考える視点として組み込まなければならない。共同的存在としての人間の苦悩に共感する視点を奪うイデオロギーとして働いている新自由主義の社会観、人間観といかに対決するかが、現代における道徳性の回復のための重要な課題となっている。

（注1）豊泉周二『若者のための社会学』はるか書房、二〇一〇年。
（注2）「黒子のバスケ」脅迫事件の被告人意見陳述。篠田博之―月刊『創』編集長によるネットでの公開による。二〇一四年三月十三日に東京地裁で行われた「黒子のバスケ」脅迫事件初公判で、W被告が読み上げた冒頭意見陳述の全文。　http://bylines.news.yahoo.co.jp/shinodahiroyuki/20140315-00033576/
（注3）E・H・エリクソン著、小此木啓吾訳編『自我同一性―アイデンティティとライフ・サイクル』誠信書房、一九八二年新装版、第2部参照。
（注4）竹内常一「非行問題と平和教育」雑誌『生活指導』一九八一年十一月号、明治図書。
（注5）エーリッヒ・フロム箸、作田啓一・佐野哲郎共訳『破壊 人間性の解剖 上』紀伊國屋書店、一九七五年、参照。

第Ⅱ部　政治と人間の自由

――政治的中立性と生徒の価値観形成の自由――

第3章　「政治的中立性」を理由とした権力による教育統制を批判する
――自由民主党の「偏向教育調査」の危険性――

今、全面的ともいうべき教育への国家の介入が進められ、教育の価値の世界を取り仕切る強権的な主体の位置に、国家と行政権力が居座りつつある。それは異様で危機的ですらある。その危機は、暴力的な粗野と官僚的忠実性とによって、生みだされている。この事態に、今こそ異議申し立ての声を挙げなければならない。

二〇一三年十二月の教科書検定基準の改訂では、教科書記述について、「政府見解や確定判例がある事項はそれに基づく記述をする」ことが求められた。二〇一五年度の検定ではそれが尖閣諸島問題に直ちに反映され、教科書は政府見解を子どもに知らせる有力な媒体へと組み替えられた。この「基準」によれば、今後は二〇一四年七月一日の「憲法第九条は集団的自衛権を容認している」との安倍内閣の閣議決定が「政府見解……に基づく記述」として全ての教科書に記載されることとなる。憲法学者の大半が違憲と考える常識が、教科書では通用しない状況が作り出されることになる。政府見解が出るたびに、子どもが学ぶ教育内容が、政府見解へと引き寄せられていく仕組みが機能しつつある。

（二）〈教育価値統制のシステム〉＋〈暴言政治〉の相乗作用

この事態は、緻密で全面的な教育の価値管理システムと、粗野な暴言的政治圧力が教育世界を包囲するメカニズムの相乗作用によってもたらされている。全面的価値管理システムは、①教育基本法第二条に「教育の目標」を書き込み、②指導要領に基づく教育内容統制や教科書検定、③教育振興基本計画などによる教育目標管理システムの形成、④この目標達成のためのＰＤＣＡシステムの学校への組み込み、⑤教員に対する人事考課制度とそれと連動した給与差別、⑥子どもに対する学力テスト管理体制、として、二〇〇〇年代に入って、順次整備され、今や有機的なシステムとしてその効果を強力に発揮しつつある。その全体が一つの競争システムとして組織されており、それが教育の営みを遂行する人々を捕えて、権力の提示する目標を実現する競争へと向かわせる結果、統制は自発的様相をも表すに至っている。

各地に出現している「教育スタンダード」の強制は、そのような論理の一つの帰結でもある。「スタンダード」からはずれた教育には、目標管理システムへの不忠として「評価」と「指導」がなされる。またすこしでも価値に関わる自由な探求、批判的精神での真理探究の意欲を読み取られると、ただちに偏向教育攻撃がかけられる。論争的テーマを扱うこと自体が偏向であり、「政治的中立性」の侵犯として魔女狩り的に点検されるのではないかという恐れが広がりつつある。そのような教師を監視する眼差しが教育行政に止まらずネット世界にも張り巡らされ、教師の自由、教室の自由を萎縮させる。

教育の価値内容を統制するため、中立性概念が巧妙に使われている。そのロジックの本質をとらえた批判が必要である。

中立性とは、国家・自治体権力と教育行政は、国民の価値観の多様性を保障し、特定の価値観に基づく干渉をしないという、権力が守るべき規範――権力と教育行政の中立義務――としてこそ存在している。しかし今や、権力が自らの価値基準から隔たった考えを批判する概念へと歪曲されている。

政府・行政見解に対立し批判する価値観や政治的立場の表明は、公共の場では許容されないという論理、公共の場から権力批判の声を排除する論理として中立性概念が使用され始めている。さいたま市での公民館だよりへの、「九条守れ」のデモを詠んだ俳句の掲載拒否はその典型である。

さらに選挙で選ばれた権力の意思こそが、国民や住民の意思を反映した正統な総意であり、偏向はその中心軸に対しての隔たりとされて、権力の位置こそが中立であり公正であるという論理へと飛躍する。その結果、何が中立であるかを判断する主体の位置に権力と行政が押し上げられ、権力の価値的立場に反する考えや態度を排除し監視する規範として中立性概念が権力性をもって機能しはじめる。

また、原発問題、憲法改正問題、歴史認識問題等々の論争的テーマを教育で取り上げて議論し学ぶこと、あるいは多様な意見の一つとして政府批判の考えを紹介すること自体が、教育の中立性への侵犯として批判されていく。それは学校・教師への監視基準として、ネットや住民からも眼差され、子どもや国民が真実を知り探究するための教育の自由が侵されていく。教科書検定での「政府見解を書き込む」という基準の設定は、「科学」の基準で教育内容を選ぶという位置から、時の政権が教育内容の中心軸を定めることへと移し変えるものである。尖閣諸島問題は、結果としてすべての教科書に記載され、中心軸に政府見解が居座ることになった。九条の解釈改憲による集団的自衛権の容認も

「政府見解」として堂々と教科書に書かれる可能性がある。

教育で従軍慰安婦、歴史認識、原発問題等を扱うとき、ネット世界などから批判が出ること自体が中立を侵していることの証拠であるかのような奇妙な論理の転倒が生じている。そのため、ネットの集中攻撃を受けることを避けるために「中立」点を探すという力学が働き、教育における真理探究や論争問題を扱う授業への恐れや断念を引き起こしつつある。

教師や教職を目指す学生の位置取りという点では、自分の考えが明確でない論争的な問題では、見解の真ん中という「中立」の位置取りをすることが強まっている。真理への責任ではなく、また自分の主体的判断ではなく、あやうい状況のなかで「安全」な――無責任な――位置取りとしての「中立」が選びとられてしまうのである。批判することと人格的攻撃とがシンクロしてしまうような雰囲気が、表現の自由をシュリンクさせもする。日常生活でいじめを経験し、そのなかをサバイバルしてきた者も多い今日の若い世代は、「優しさの技法」（土井隆義）などによって、他者との違いを絶えず修復し、同調する努力を強いられ続けている状況がある。そういう雰囲気の中で、争わない位置という意味で、「中立」という位置取りが選ばれる。

しかし「中立」の位置に権力の判断を据えてはならない。最も批判されなければならないのは、多数決民主主義を反映したとする政府権力の決定が、教育や科学的真理探求の世界で正当化され、その権力の価値判断が社会的基準として異論を制圧し、言論をシュリンクさせていくような政治的雰囲気の形成であろう。その雰囲気が教育の場にも持ち込まれるならば、科学や真理探究の自由が抑圧され、教育・学習の場が、異論のない――異論を語ることが許されない――空間となり、政治権力の押し出す主張が真ん中に据えられて国民に教え込まれる価値統制空間が生みだされる。

警戒すべきは、改正教育基本法に「教育の目標」が規定され、それが法的拘束力をもって政府解釈による価値的選択が正当化されるという事態の強まりである。法的「根拠」を楯に行政は一挙に指導要領とその独占的解釈を根拠に、教育内容統制へと踏み出しつつある。改正教育基本法は、そういう意味では日本国憲法の価値の自由、思想信条の自由、国家に「中立」を強制する規範を百八十度転覆する法体系を教育に持ち込みつつある可能性がある。この危うい事態への批判を強めなければならない。

「中立」という恫喝の前に、真理探究への情熱と勇気を見失ってはならない。「中立」という規範は、権力と行政にこそ課せられる規範であり、個人の表現の自由や、教育の営みにおける多様な考えの学習――多様な考えとの出会いとそれらとの格闘――を抑圧し取り締まる規範として流通させてはならない。そのことをあらためて、強調しておこう。

（二）政権党による「偏向教育密告サイト」の危険性

自由民主党の文部科学部会は、二〇一六年夏の参議院選挙後に、「学校教育における政治的中立性についての実態調査」を実施することをホームページで明らかにした。

そこには、「教育の現場の中には、『教育の政治的中立はありえない』、あるいは、『子供たちを戦場に送るな』と主張し中立性を逸脱した教育を行う先生方がいる」、「高校等で行われる模擬投票等で意図的に政治色の強い偏向教育を行うことで、特定のイデオロギーに染まった結論が導き出されることをわが党は危惧しております」と書かれていた。この内容への批判を受けてか、書き換えられたその文面にも、「『安保関連法は廃止にすべき』と主張し、中立性を逸脱した教育を行う先生方がいる」などと書かれていた。さらにその投稿フォーム（六月二十五日開設）には「政治的中立を逸脱するような不適切な事例」を募集し、投稿者の氏名や連絡先とともに入力するよう求めていた。

朝日新聞デジタル（二〇一六年七月二十日）によると、この「実態調査」は、十八日付で終え、投稿フォームを十九日未明に閉鎖し、この作成を指示した木原稔・党文部科学部会長は、その一部を文部科学省に情報提供して対応を求める考えを示したと報じている。これは、非常に恐ろしい手法である。なぜか。

第一に、そもそも政権党が、その意に沿わない教育に対する告発運動を組織することは、ファシズムの方法である。

もちろん、学校教育において教育的に見ての誤りや失敗が生まれること自体は避けられないこともある。そしてそれは子どもの権利を脅かす。しかしその批判や修復は、教育に相応しい回路を通して行われなければならない。そのためにこそ、政治から相対的に独立した教育行政の仕組みや教育の自由が定められているのである。

教育における「政治的中立性」という概念の基本は、個人の真理探求の自由の保障のためには、政治は、何が真理であるかの判断に関与しない――その意味で教育に対して政治が「中立」の立場をとる――ということにある。それは近代国家の基本原理であり、日本国憲法の思想信条の自由、学問の自由、表現の自由などから導き出される。中立性は、なによりも政治権力に課される規範なのである。

ところが今回の自民党の「調査」なるものは、権力の座にある党派が、自分たちの価値観に照らして、中立性を侵すけしからん輩がいると、教育現場を直接に点検しようとするものである。政権を掌握している自民党の目と価値観で、教育の現場を直接に「視察」をし、それと異なる言説を行う教師をあぶり出し、その結果を報告しろと全国に指令を出すという暴挙なのである。

七生養護学校の性教育への政治介入についての損害賠償裁判、いわゆる「こころとからだの学習」裁判の東京高裁判決（二〇一一年九月十六日）は、政党の議員が、直接教育現場に乗り込み、これは偏向だと「告発」したことに対し、そのような現場へ直接介入すること自体が、「不当な支配」であるとし、さらにそういうとき、「都教委は、教育界の外部に対しては、教育に対する『不当な支配』から教育現場を保護する義務を負う」とも述べていた。教育基本法が権力や政党に対して禁止している「不当な支配」を、全国の教育現場に監視カメラを設置するようにして、政権党が行おうとしているのである。

第二に、これは、政権党が、インターネットを使って、公然と密告網を張り巡らし、偏向教育攻撃を組織しようとしていることを意味している。その結果、「いつ、どこで、だれが、何を、どのように」教育したかの情報を政権党が掌握し、必要ならば下からのネット攻撃に情報を提供し、発信者不明のネットによる集中攻撃が実施される可能性が生まれる。もちろんいままでも、そういう悪意ある攻撃が度々行われてきたが、それが今回のような形をとるとき、組織的に政権党によるファッショ的な教育支配の手法としてネットが利用される可能性につながる。

ネット空間を利用する教育監視網には、独自の危険性がある。ネット空間を利用して「監視」と「市民からの攻撃」を組織する方法は、人権保障という憲法的規制をすり抜けて、表現の自由や教育の自由に大きな打撃を与える。しかもその違法性を告発し、ダメージを補償する手段すら奪ってしまう。もちろん「悪意に満ちた攻撃者」は、どういう状況においても存在する。ところがネット時代には、「悪意に満ちた攻撃者」は、匿名性を保ったままで、攻撃的な「集団」を作り、攻撃の数を増殖させ、広範な人々に情報を送り、応答責任を負わないまま、ひとつの社会的「印象」を作り出してしまう。もちろん、明らかに脅迫罪などとして摘発されるものは、一定の対応措置がとられるとしても、「おかしい」「間違っている」「偏向だ」などという発信を取り締まることなどほとんどできない。そしてそれが、いわばバーチャルな社会的「疑惑」とそれに対する「制裁」を作り出してしまう。

しかもそのような攻撃的意図を持った「情報」が、議会で取り上げられ、疑わしいものは「調査すべき」として、教育行政が動かされる危険性が高くなる。

現に山口県では、県立高校での安保法案の模擬投票の授業に対して、自民党県議の疑問にたいし、県教育長が「法案への賛否を問う形になり、配慮が不足していた」と見解を述べ、教育の政治的中立確保のための「手引き」を発行した（「朝日新聞」デジタル二〇一五年十二月二十七日）。宮城県では、県立高校の社会科学部が行った時事問題に関する校内アンケートに対して「内容が偏向的な気がする」との指摘が寄せられ、県教委が、県内の公立高校長らに政治教育の中立性確保に留意するよう促す通知を出し、校長名の「政治的中立性を欠く不適切な表現だった」との文書を生徒に配るという事態が起こった（「河北新報」二〇一五年十一月六日）。しかしいずれの教育事例も、本来批判されるべきようなものではないのである。

(三)「萎縮」ではなく、教育の自由による対抗を

このような事態に対して、もし教育現場が「萎縮」という対応を選ぶならば、このような攻撃は次第に増長する。「中立性侵犯」という避難や攻撃を受けないように、時事問題は避けるとか、憲法改正問題を考える授業を断念するとか、現実の政治的論争点を考えさせるような模擬選挙を避けるとか、という対応を繰り返すならば、攻撃はエスカレートして、そのうちに現実の政治を批判的に検討する学習の一切が封じられてしまうだろう。教育行政が「中立性」を掲げて教育の現場を監視する包囲網は、ますます緻密化されるだろう。些細な失敗を取り上げるネットや「市民」からの攻撃によって、学校ががんじがらめに拘束されてしまう事態が生み出されるかもしれない。

重要なことは、そういう攻撃が次第に緻密化され、連携化され、上と下からの教育の

自由を窒息させる包囲網が、まさに今、張り巡らされつつあるということである。そのことを認識するならば、私たちは、今こそ、この包囲網を食い破る対抗の勇気あるたたかいを開始しなければならない。包囲網が完成したときにいくら声を上げようとしても、もはや手遅れになってしまう。それは、ファシズムによって自由を根底的に奪われてしまった歴史に対する根本的反省ではなかったか。今声を上げなければ、一体いつ、「おかしい」という声を上げる勇気が生み出せるといえるのだろうか。

そのためには、教育に介入する理由としている「偏向」攻撃の教育的不当性を見抜き、その論理を的確に批判することのできる目と論理を確保しなければならない。教育における「中立性」概念の意味を正しくとらえなければならない。真の教育の公共性とは何か、真理探求に必要な公共性空間とは何か、権力や行政はそれに対していかなる位置を占めるべきか等々の、教育と政治のあるべき関係性を改めてとらえ直さなければならない。自らの教育実践が公共的な責務を担った、子どもの権利実現のためのものであることをしっかりと説明し、その正当性を主張することができる理論――教育の自由を主張する勇気を与える理論的確信――をもたなければならない。今が、今こそが、教育の自由のための声を上げることができるぎりぎりの時点かもしれないと考えてみる歴史感覚が求められているのではないか。

第４章 「教育の政治的中立」と教育の論理
——十八歳選挙権と政治学習のあり方をめぐって——

戦争法反対の運動が民主主義の高まりを生み出し、そして戦争法廃止を目指す新たな運動が始まりつつある。しかし安倍内閣は、この民主主義の高まりを押さえ込み、十八歳選挙権の実施をも、若者の政治意識の抑制と管理の場にしようとし、「教育の政治的中立性」を前面に出し、教育と学習の自由を制限しようとしている。

しかし、十八歳選挙権の実現によって生まれている機運は、「声を挙げる」民主主義を学校教育に貫き、若者が主権者としての自覚に立って自由に考え、自らの意見表明を社会と政治に対しておこなう転換点につながる好機である。その好機を生かすためには、学校空間に、生徒が学ぶ場に、教職員が働く学校職場に、声を上げられる自由と民主主義を取り戻すことが必要であり、さらにそのことの意味と方法を教育の本質に立ち戻って明らかにしておく必要がある。

(一) 安倍内閣の「教育の政治的中立性」への侵犯

安倍内閣は、今、言論の自由を抑圧する社会システム、批判封殺システムの形成に、相当踏み込みつつある。ヘイトスピーチやネットによる集中攻撃、マスコミによる系統的な世論操作などが結びついて、声の挙げられない日本社会が生み出されつつある。

埼玉の「公民館便り」での九条俳句掲載拒否問題(二〇一四年七月)、北海道高教組の宣伝物(クリアファイル)配付を「教育の中立性を侵す」ものとして行政が介入する動き(二〇一五年十一月)、東京の書店の「自由と民主主義」ブックフェアを偏向とネットで攻撃して、その一部を中止させる動き(二〇一五年秋)、歴史認識や慰安婦問題に関して研究者にネット攻撃を集中したり(広島大学二〇一四年五月)、教員としての採用の取り消しを大学に求める動き(現代版レッド・パージ、北星学園大学二〇一四年九月)などが繰り返されている。

その一方で、権力や教育行政が、教育に干渉、介入する動きが強まっている。二〇一五年度の中学教科書採択では、首長の意を受けた教育委員会が、育鵬社版中学歴史や公民の教科書を一方的に採択しようとする動きが各地で起こっている。

その背景には、安倍内閣の閣僚のほとんどが、いわゆる靖国派でしめられるような異常事態があり、安倍首相らの信じる歴史観が、強引に教育現場に浸透させられようとしている状況がある。そして憲法九条の解釈改憲を強行するような強権政治が展開している。さらに安倍内閣を批判するマスコミに対しては「マスコミを懲らしめるには、広告料収入がなくなるのが一番」と自民党議員が発言し（二〇一四年六月）、高市早苗総務相（当時）は電波停止を命じる可能性にも公然と言及する（二〇一六年二月）ことまで起こっている。このようにマスコミへの恫喝、言論抑圧が、公然と行われる状況が生み出されている。

しかし戦争法案反対の声を挙げる中で、この表現封殺の仕組み作りが、人々の批判に曝され、声を出す民主主義がそれに対置されるという状況が生まれた。危険なファッショ的雰囲気の昂進をストップするかどうかのたたかいの場が、ここにも設定されている。

このような中で、あらためて教育の「政治的中立」とは、いかなる規範なのか、子どもの学習に「中立」という規範があり得るのかなどを、教育学的に解明する必要がある。そして、教師と学校は、子どもの社会認識力の形成、主権者への成長のためにどういう教育的責任を負っているのか、そのための方法とは何かについての教育学的確信を獲得しなければ、時には勇気を求められる局面で、堂々と教育実践を切り拓くことはできないのではないか。そのための理論課題のいくつかを検討してみたい。

（二）「教育の政治的中立」概念の二つの文脈

まず、そもそも、教育における政治的中立という概念は何を意味するかを見ておく必要がある。教育における「政治的中立」概念は、二つの文脈を持っている。

（1）権力に課せられる憲法的規範としての「政治的中立性」

第一の、最も根本的で歴史的な教訓として確立されてきたのが、政治権力は教育の世界の内容的な価値に対して不干渉であること、すなわち「中立」でなければならないという規範である。

この規範は、日本国憲法の理念から直接に導き出されるものである。人権と個人の幸福追求権をこそ最も根源的な政治的価値の原点とし、その人権主体が議会制民主主義を介して政治権力を作り出し、その政府の政策内容を絶えず吟味し、必要とあれば権力を組み替えるという仕組みにおいて、国民は常に権力からの統制を受けることなく、政治的、社会的真理探究を保障されなければならない。そういう真理探究の最も中核をなす文化的営みとしての公教育の教育内容に対して、何が真理であるか、何をこそ教育内容として設定すべきかを権力が干渉、決定するような事態は、国民主権原則そのものへの侵犯として批判されるというのが、近代国家の基本原理なのである。

一九七六年の最高裁学テ判決はその点を、次のように明確に述べていた。

「政党政治の下で多数決原理によつてされる国政上の意思決定は、さまざまな政治的要因によつて左右されるものであるから、本来人間の内面的価値に関する文化的な営みとして、党派的な政治的観念や利害によつて支配されるべきでない教育にそのような政治的影響が深く入り込む危険があることを考えるときは、教育内容に対する右のごとき国家的介入についてはできるだけ抑制的であることが要請されるし、殊に個人の基本的自由を認め、その人格の独立を国政上尊重すべきものとしている憲法の下においては、子どもが自由かつ独立の人格として成長することを妨げるような国家的介入、例えば、誤つた知識や一方的な観念を子どもに植えつけるような内容の教育を施すことを強制するようなことは、憲法二六条、一三条の規定上からも許されない……」

一九四七年教育基本法では、第一〇条にそのための三つの原則が書き込まれていた。「不当な支配の禁止」「教育の直接責任性」「教育の条件整備」である。日本国憲法の下にあり、また旧法の「不当な支配の禁止」規定を引き継いでいる改正教育基本法においても、その理念は継承されているとみなければならない。

この点に関して言えば、国民主権原則の下では、公教育は、時の政府の見解を自由に批判する力量を子どもたちに獲得させることこそが、責務となるのである。今の政治のどこに課題があるのか、どう改革していけば良いのかを探究することは、公教育が国民から負託された責務なのである。この責務は、選挙中であろうとなかろうと、常に公教育に課せられているのである。国民の批判的政治判断力を育成することでこそ、国民主権はより強固となり、その国民との応答責任を引き受ける政府こそが、より高い国民の支持を得ることができるのである。

国民は社会的選択と真理探求を、〈政治〉と〈文化・教育〉の二つの方法によって、二つの異なった公共世界で行う。それぞれには異なった方法が適用される。政治世界は議会制民主主義の方法に拠り、国民は主権者としてこの政治選択の決定に関与していく。文化・教育世界では、各自が、真理判断の直接の主体となる。この後者の公共性世界においては、真理判断や価値選択は各人に任され、国家権力がそれに直接関与することは許されないものとなる。この二つの世界の関係において最も重要なことは、文化・教育世界における各自の判断力、真理探求が完全な自由の下に置かれなければならないということであり、そのことによって教育は、政治世界における主権者を形成するという役割を果たすことができるという点にある。国民主権とは、権力の政策を絶えず吟味し、批判する自由をもつ国民を不可欠とするのである。その意味において、公教育は根源的な意味における主権者教育なのである。

したがって、選挙が行われているかどうかに関わりなく、学校教育は、常に、真理探究という精神を発揮し、政府の政策や権力のありようを吟味し、批判を行う力を生徒に育てる責務を担っているのである。生徒が政府の政策の批判的検討を行うことは「中立性」を侵すといういい方は、そもそも根本的な間違いなのである。もちろん、教師が一方的に政府批判の見解を生徒に押しつけることは間違いであるが、教育の場から政策批判の自由が奪われるならば、国家は国民を支配し、政府に盲従させることとなる。権力批判の自由の保障は、市民革命を経た近代国家の基本原則である。

補足するならば、実はこの権力と教育の価値内容との関係としての中立性規範は、日本の教育法学においては国民の教育権論と教育の自由を巡る長い論争とたたかいとして、重厚な学問的蓄積と教育裁判判例を重ねてきた問題であることを思い起こさなければばならない。中立性という概念は、国民の教育権、国民の教育の自由の中に位置づけてとらえなければならない。

しかし安倍内閣の下で、この中立性概念が大きく歪められつつある。例えば、道徳の教科化は、政治権力に課せられる中立性の規範をほとんど無視している。一般の教科の内容は、学習指導要領が内容を提示しているとしても、まずはそれぞれの教科に対応した科学によって吟味され、提供される。文科省といえども、科学の世界にない内容を持ってくることはできない。ところが、道徳にはその教科内容を体系的に提起する土台となる科学が認定されていない。そのため、道徳科で、文科省が恣意的に選んだものが、ストレートに教科内容となる危険性がある。新たに改定された道徳の学習指導要領には、人権、平和、民主主義、生存権保障などの「内容項目」が欠落している。しかも道徳科に関する教科書検定基準では、「教科書において、図書の主な記述と、道徳科の内容項目との関係を明示し、かつその関係は学習指導要領に照らして適切であること」が指示されている。もし「平和」という項目を立てて、それを展開した教科書が作られたとき、その項目は学習指導要領にないから検定で認めることはできないとなる可能性がある。すでに教科書検定の前の段階で、民主主義や人権や平和などの項目が取り除かれて、一方的な愛国心や自己責任論に埋め尽くされた国民の人格管理のための道徳教科書が出現する可能性が高い。「教育の政治的中立性の第一規範」は、今まさに危機にさらされている。

（2）教師の教育方法に関わる規範としての「政治的中立」概念

固有に教師の教育実践において、守られるべき規範がある。それは、学校や教師がその教育方法において守るべき規範である。それは、子どもが自らの認識や価値観形成を思想形成の自由の下で遂行していくことができるようにするという、教育の方法における配慮の規範というべきものである。それを、生徒（子ども）の価値観形成に対して教師は特定の価値観を強制してはならないという意味において、「教育の方法における政治的中立性規範」と呼ぶことにする。これは「教師」の中立性ではなく、教師の行う「教育の方法」がもつべき中立性である。教師はその教育において、特定の政党や政治的立場の価値観を押しつけ、強制してはならないということである。教育基本法第　四条二項は以下のように規定している。

「法律に定める学校は、特定の政党を支持し、又はこれに反対するための政治教育その他の政治活動をしてはならない。」

この規定は、直接には、教師や学校は、その「地位」を利用し、その「公務」を利用して、特定の政党を利したり批判したりする教育を行ってならないということである。この「

規範」は、教育という行為の本質から要請される。

第一に、これから行われるべき社会的な政策選択課題については、そもそもそれに対して、教育で特定の「正解」を示すことはできないという点がある。例えば、政策選択としての消費税問題、原発問題、福祉問題等々については、当然のことながら一人ひとりの個人がその選択決定主体であり、教育の役割は、その判断主体の力量の形成を促進し、問題の本質を解明する視点や方法を獲得させることにある。教育は、そういう政策選択に対して、個人の自主的判断を妨げるような特定の立場や価値観を強制してはならないのである。

第二に、この教師の教育行為に適用される規範は、あくまで、教師の専門性の行使の過程に対する制約であり倫理的規範である。すなわち、教師の専門性のありようとして実現されるべき事柄である。教師はその専門性の行使において、生徒の価値観形成の自由に対して、時として誤りを犯すことはありうる。資料の提示に対して、後から一面的で不十分であったと反省することが全くなかったなどという教師は希だろう。しかしそういう誤りは、基本的には専門性を高める努力の中で、そしてそのために教師相互で、あるいはより開かれた討論場などで、さらにまた専門的アドバイスを通して克服されていくべきものである。したがって、この「中立性」規範が実施されているかどうかに、権力が、その内容判断に立ち入って監視するような性格のものであってはならない。もしそれが行われるならば――すなわち権力が教育の内的遂行過程に入り込んで、何が教育的真実であるかを自ら判断し、教師を取り締まるならば――、それは直ちに、「教育の政治的中立性の第一規範」の侵犯を引き起こしてしまうこととなる。第一規範こそが教育の政治的中立性の最も重要な要請なのである。

第三に、教育は「権力と教育行政の教育に対する中立」のもとに実施されなければならないということを自覚し、その規範が権力的介入によって侵されようとするときには、教師は、その統制や押しつけを排除して、生徒の自由な価値探究、政治的判断力の形成を守る役割を担わねばならない。すなわち教師は、子どもの価値観の自由を保障し、また自らの教育行為が権力によってその価値内容を統制されるという「教育の政治的中立性の第一規範」の侵害に対し、抵抗し立ち向かう責務を負っているのである。いや、それは教師だけに止まらない。養護学校の性教育介入問題の裁判で、教育への政治勢力の介入の不当性を批判した判決は、本来、教育行政は、政治勢力からの不当な支配に対して、教育の自由を守るべき責務を背負うべきことを判示した。七生養護学校の性教育への政治介入についての損害賠償裁判、いわゆる「こころとからだの学習裁判」の判決（二〇一一年九月十六日東京高裁判決）は、「都教委は、教育界の外部に対しては、教育に対する『不当な支配』から教育現場を保護する義務を負う」とその責務を問うていた。

(三)「真理」と「価値」に関する教育の本質と「中立性」の関係

以上の検討からは、実は、「教育の中立性」問題は、それ自体として独立した問題なのではなく、どのようにして子ども・生徒が科学的な真理を探究し、自分の思想や価値観、判断力を形成していくことができるか、そしてそれを支える教師の教育の方法はどういう規範の下に行使されなければならないかという問題の全体性の中に位置づけて考えなければならないテーマであるということがわかる。

その際に、価値に対立のある問題という事柄自身が、二種類に区分されることを見ておく必要がある。第一のものは、その問題がこれからの政策選択として、国民的議論によって決定されていく場合(「政策選択問題」)である。具体的には、消費税をどうするか、原発を再開するかどうか、TPPを推進するかどうか、等の問題である。それに対して、第二は、社会的に論争があるとしても、科学の世界や社会的判断として、一定の結論や合意が形成されている問題(「到達点のある論争問題」)である。例えば、アジア・太平洋戦争は侵略戦争であったというような一定の判断が社会的に、あるいは社会科学の世界で、到達点として形成されている場合である。もちろん、そういう場合でも、「いや、そんなことはないのだ」という議論はいくらでも存在しうるのであり、そういう問題もまた論争的問題と呼ぶことは可能であるが、このケースでは達成されてきた社会的合意や科学の到達点を伝えること、学習することは公教育において正当かつ不可欠な公教育の仕事となるのである。

(1) 教育実践と生徒の価値観形成の自由——本多光栄の授業モデル

価値の対立がある問題において、それを社会科でどう扱うかについて、一つの参考となるのは、かつて、本多公栄が提起した「教える教育」と「育てる教育」という区分である。本多は、アジア・太平洋戦争が、侵略戦争であるかそれとも防衛戦争であるかを生徒に議論させる中で、歴史学の到達点としては侵略戦争であると伝えることができるとしても、生徒自身がこの戦争を防衛戦争だと考える場合には、それを間違っていることとして、評価という教師の権力的行為によって否定することはできないと考え、基礎的な知識の伝達(「教える教育」)と価値観に関わる教育(「育てる教育」)とを区分して、価値に関わる教育(「育てる教育」)においては、生徒の価値観形成の自由を保障する仕組み、手立てを授業や評価の中に組み込まなければならないとした。

その本多の考えを基本として、私は以下のような構図で考えることができると思う。この構図の意味を説明しよう。（本多光栄のこの論理については以下の文献を参照。①本多『僕らの太平洋戦争』鳩の森書房、一九七三年、②本多『教えることと育てること』地歴社、一九七八年、③佐貫浩『「自由主義史観」批判と平和教育の方法』新日本出版社、二〇〇〇年、④「加藤実践の基本的特質と評価枠組―仮説設定と討論学習、価値と科学的認識、価値の自由をめぐって」加藤公明、和田悠編『新しい歴史教育のパラダイムを拓く』地歴社、二〇一二年）

いくつかのコメントを付しておこう。

第一に、生徒の中に、価値判断体系（本多はこれを基本的知識と呼んだ）を育てる教育においては、教師は、それに関わる基礎的知識を教えること（「教える教育」）が求められる。この基礎的知識とは、その背景にある科学によって確かめられた知識や学説、歴史観などである。教科書は基本的にそういう内容によって構成されているとみることができる。学説に関しては、有力な少数説なども必要に応じて紹介することが求められよう。しかし注意すべきは、それらを絶対的に正しいものとして教え込むのではなく、科学的探究の到達点がそこにあるという趣旨において伝達するということである。だからこそ、単に確認された事実という意味での知識にとどまらず、科学の世界や国民的合

「真理」と「価値」探求の社会科授業の構図　【図 - 2】

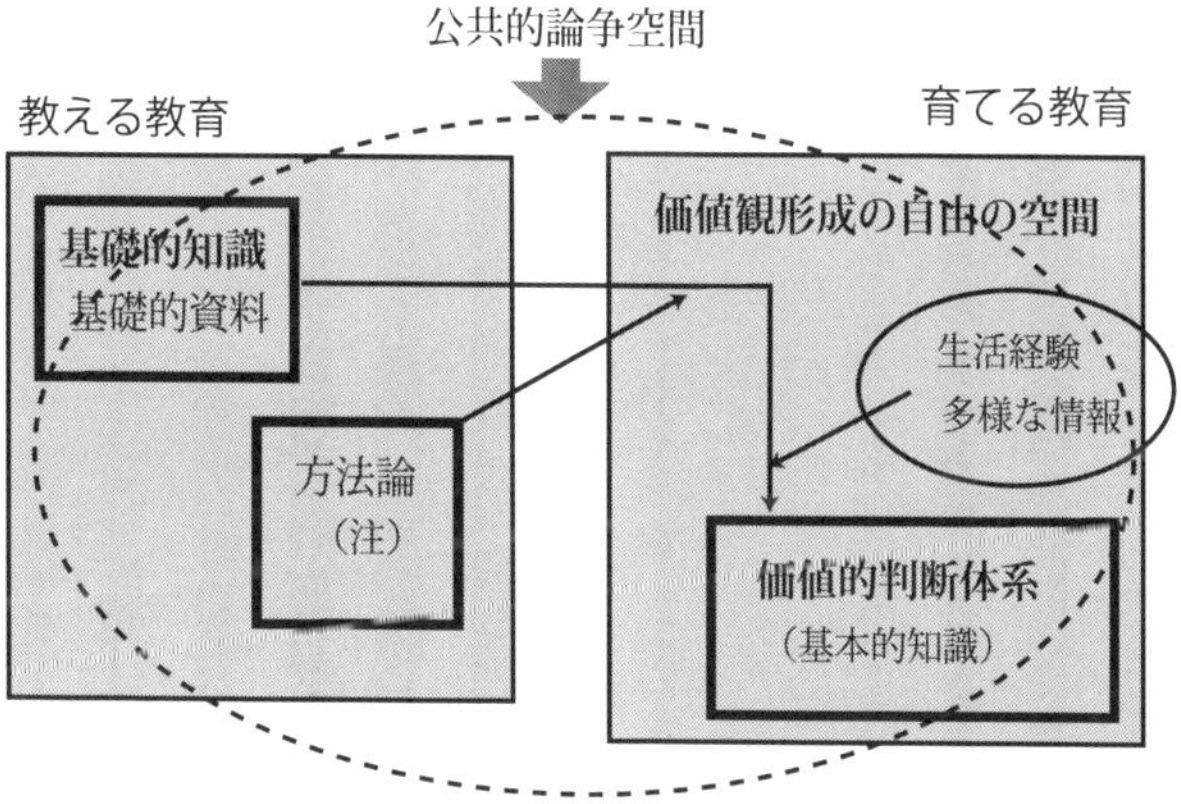

（注）これは、生徒の価値観形成の場を「科学の空間」として設定する働きかけである。

意として到達されたその到達点、合意点も基礎的知識というカテゴリーに含まれ、伝えるということが求められるのである。

第二に、生徒は、提供される基礎的知識や資料、自分自身の既得の知識や歴史観、自らの生活意識、さらに自分自身で探究した知識や考えを総合して、自分の価値判断体系（「基本的知識」、歴史であれば歴史観）を形成、獲得していく。教師は、このプロセスが展開していく学習空間で、生徒の思想形成の自由、価値観形成の自由が保障されるようにしなければならない。学習空間を表現の自由が保障された空間にすることは、そのために欠かせない課題となる。

第三に、教師の「教える教育」の教育責任は、この「育てる教育」過程に対しても存在する。

それは、この過程を価値の自由、思想形成の自由の空間として保障することに止まらず、このプロセスが同時に、科学的真理探究の場として機能するように構成することである。そのためには、この学習空間を科学的規範の上に展開するように、科学の方法を獲得させることが教師の責務となる。それ自身は「教える教育」の内容ともなる。歴史認識に即していえば、各自の歴史認識や歴史観が客観的証拠で裏付けられていること、資料を正しく読み取ること、主張が論理的に整合的であること、などを求め、そういうスキルを身につけさせることなどである。

第四に、加えて重要なことは、主にこの「育てる教育」の空間、すなわち生徒自身が自らの価値判断体系を組み立てていく学習過程を、公共的論争空間として組織し、生徒に、他者の批判に対して応答責任を背負うことを求め、そういう過程を通して自己の価値判断体系を科学化し、客観性や普遍性を高めていく努力を求めることである。それは教師の「正解かどうか」という評価にさらして、考えを確かなものにするというプロセスではなく、対等な他者との論争の中で、したがってまた価値観形成の自由や多様な価値観の存在の「場」において、自己の価値判断体系を構築させていくことを意味する。そのためには、各自の考えを討論させ、相互の批判に曝すなど、色々な工夫が求められる。そもそも基礎的知識と出会わせるということ自身が、それまでに達成されてきた科学的探究の到達点と出会わせ、その土台の上に、すなわちその土台と格闘して、自らの主体的な考え、歴史観を形成することを求めるためであるということもできる。その意味では、「教える教育」の場もまた、本質的な意味では、公共的論争空間に含まれる学びの過程であると言える。

(2) 方法における「中立」性とは

このことを土台にして、中立性という問題を考えてみよう。三つの点が関与してくる。

第一は、教師の提供する基礎的知識が、公教育として妥当かどうかという問題である。提供される基礎知識は、その分野の科学的探究によって達成された到達点であること、すなわち科学の到達点であることが第一原則となる。もちろん科学によって一義的に決定できていない場合、あるいは科学の中で有力な対立的論争がある場合は、その両方を到達点として伝える必要があるだろう。

ここでは中立ではなく、科学の到達点こそが選択基準となる。その点で補足すれば、アジア・太平洋戦争が侵略戦争であったと「教える」ことは、今日の歴史学の通説からして、決して「中立」を侵すものとして批判されるべき性格の問題ではない。しかし重ねて強調しておくが、それは生徒に、侵略戦争であったという価値観、歴史観をもつことを強制する行為であってはならないのである。生徒自身が科学の到達点と出会い、それと正面から格闘して自分の考えを形成していくハードルとして提供するということなのである。

第二は、本多のいう「育てる教育」の時間と空間において、生徒の思想形成の自由、価値観形成の自由を保障するということが求められる。したがって、教師は、その討論や意見表明で、教師の考えや基礎的知識と異なる歴史観を生徒が述べたとしても、その価値観自体を誤りとして否定してはならない。もちろん、そのことは生徒の発言を批判してはならないということを意味しない。むしろ相互に批判し合う場を作り出すことによって、その空間を科学的真理探究の方法論を鍛え行使し合う空間へと編成していくことが求められる。しかしその場合、注意しなければならないことは、教師と生徒の力関係の違いに依拠して、生徒の考えを威圧的に批判、論破するようなことは避けなければならない。その点では、教師は、①生徒の考えにどういう弱点や欠落があるかを気づかせるために問題点を指摘するという形の批判、②教師の意見をも自由に批判して良いという対等の論争空間を作り出すことを前提として、相互批判に参加するような形の関与の仕方が求められるだろう。教師は、自分の主張を強調することで、生徒の自由な思考、自由な価値観形成を妨げるような威圧的空間を作り出すことは避けなければならない。

しかしそれは、教師の見解を述べてはならないとか、生徒の考えの弱点を指摘（批判）してはならないということではない。生徒の思想形成の自由を保障すると共に、科学的な論争空間を作り出すのは教師の責務であり、そのための教師の働きかけは不可欠なのである。（注）

（注）詳細に触れる余裕がないが、この点についてはドイツの「ボイテルスバッハ合意」に示されている「圧倒の禁止」が参考になる（近藤孝弘『ドイツの政治教育』岩波書店、二〇〇五年、参照）。そこでは、「①圧倒の禁止。生徒を――いかなる方法によっても――期待される見解をもって圧倒し、自ら判断の獲得を妨害することがあってはならない。まさにこれが政治教育と教化のあいだの明確な違いである。教化は、民主的社会における教師の役割及び広範に受け入れられた生徒の政治的成熟という目標規定と矛盾する。②学問と政治において議論のあることは、授業においても議論のあることとして、あつかわなければならない。この要求は第一の要求と密接に結びついている。なぜなら、多様な視点が取り上げられず、他の選択枝が隠され、オルタナティブが言及されないところでは、教化が始まるからである。③生徒は、政治的状況と自らの利害関係を分析し、自分の利害に基づいて、所与の政治的状況に影響を与える手段と方法を追求できるようにならなければならない。」と書かれている。

イギリスのシチズンシップ教育を提起したクリック・レポートは、「論争的問題に関する教育」（Guidance on the teaching of controversial issue）の部分で次のように述べている。

「教育は、我々の国家の子どもを、大人の生活の荒々しい論争的な問題から隔離しようとするべきではなく、そのような問題を、聡明に、繊細に、寛容的に、そして道徳的に処理できるように準備させるべきである。もちろん、教育者は、インドクトリネーション（教化、教え込み）を企ててはならない。しかし、完全に公平であることは単純には可能でない。いくつかの問題においては、例えば人権に関するような問題については、それは妥当ではない。論争的問題を扱うとき、生徒にどのように偏見を発見するか、彼らの前にある証拠をどう評価するか、どのようにして異なった解釈、視角、証拠となる資料を探すか、を教える戦略を採用すべきである。特に彼らが主張し行動するそのすべてにしっかりした理由を持ち、他者の主張や行動にもしっかりした根拠を期待するように教育すべきである。」

「論争的問題に注意を向けることに尻込みしないように教師を励ますことには、学校におけると地域における活動とに関わらず、二つの正当な根拠がある。第一は、直接の、実践的なレベルにおいて、論争的な問題がそれ自体として重要であるとともに、それについて情報を知らせず、討論をしないということは、若い人たちの教育的経験において、広範で重大なギャップを残したままにし、彼らを大人の生活にむけて準備させることに失敗することになる。多くの論争的問題―道徳的、経済的、宗教的問題―が、直接に彼らに影響を与えるという理由からも、また彼らが民主主義社会においては何らかの方法でその結果に影響を与えることに参加する機会を持つだろうという理由からも、若者が知るべき、日々の主要な問題である。……略……　第二に、論争的な主題を省略（無視）することは、知識と人類の経験の重要な領域を取り残すことであるとともに、より深い意味において、価値ある教育を構成するところのものの真の核心部分を省略するものであると主張することが出来るであろう。教師にとって、彼らの努力を、それがもちろんどれだけ重要であるとしても、知識の熱心な教え込みとスキルの伝達に閉じこめることは、学校の企てをただ訓練（training）のための計画に制限してしまうことになる。教育とは、単なる訓練とは逆に、グループによる決定（decision-making）への積極的な参加、記憶の保持を越えた精神のより高い質の開発、等の経験に遭遇することを求めるものである。」

さらにクリック・レポートは、論争的問題を扱う教師の三つの立ち位置を提起している。「論争的問題を教えるにあたって、広く推薦されている三つの一般的な方法がある。

（a）中立司会者的方法（The 'Neutral Chairman' approach）：これは、最初、HCP（School Council Humanities Curriculum Project）によって推薦されたものである。この方法は、それがどのようなものであっても、いかなる個人的な見解、あるいは理論や主義への忠誠も表現しないことを教師に求める。そしてただ、広いバラエティーの証拠が考慮され、すべての見解が表現されることを保証しつつ、討論の進行役として役割を果たす。

（b）バランス的方法（The 'Balanced' approach）：この方法においては、教師はその問題に関するすべての視点が示されるように保証する。そして教師は、生徒が彼ら自身の判断を形成することを励ますために、自分自身の見解を、いくつかある意見の一つとして表明することを期待される。このことは、教師に、彼が同意しないかも知れない見解、あるいはクラスのメンバーが全体として同意しないかも知れない見解についても、出来るだけ説得的に表明されることを保証することを求める。別の言い方をすれば、もし必要な場合は、「悪魔の擁護者」（Devil's Advocate）を演じることである。

（c）明言的方法（The 'Stated Commitment' approach）：この方法において、教師は、討論を励ます方法として、最初に、彼自身の見解を率直に表明する。そして生徒は、この教師の見解に対して、賛成、もしくは反対の見解を自由に表明することを励まされる。

（「クリック・レポート」による。佐貫『イギリスの教育改革と日本』高文研、二〇〇二年、参照）。

第三は、評価の問題である。本多は、侵略戦争であったか防衛戦争であったかを生徒に議論させておいて、テストで防衛戦争であると歴史観を記述したことを理由に生徒の解答を×にするならば、そもそも議論が成り立たないと考えて、価値観については評価の対象にしないとした。ここでは教師の教育方法における中立性とは、生徒個人の価値観については○×の評価の対象にしないということを意味する。（注）

（注）本多は、試験問題を二つに分けて出題している。左側には「基礎的知識の習熟度」を測る問題、右側には、「グループで真剣に討議したような問題」を「記述式テスト」で出題する。その評価について、「この方の採点は、記述内容の中に、事実誤認や，基礎的知識の間違い、基本的知識の一般性の部分の重大な誤認があれば当然減点されるが、それがとくになく、意見が自由に展開されていれば、その意見がどうであろうと、全員に満点を与える。つまり組み立てがたしかかどうかのプロセスは採点するが、結論は採点しないのである。」（本多光栄『社会科の学力像』明治図書、一九八〇年、１２２頁）

補足するならば、そもそも価値観というものは、教え込むことが不可能で、子どもが、自分の内部に主体的に、すでに獲得されている自分の内的な規範や感情や、経験や教訓や、そして新たに獲得した知識や歴史的教訓や総括、等々を総合して、自分の主体的な判断力として組み立てるほかないものである。すなわち、価値観という判断の様式そのものがもっている本質からして、それは教え込むことができないものなのである。だからこそ価値観は強制できないという教育の方法が要請されるのである。確かに憲法で合意されているような人権や平等権というような価値規範は、その理解の多様性を理由にその規範を守ることが拒否されたり曖昧にされたりしてはならない。しかし例えば人権という価値規範を自らの行動規範とすることのできる内的価値意識の形成は、たんなる規範や知識の教え込みによってはなされえず、幾多の生活経験や他者の尊厳への共感を含んで、その個人が、主体的に形成、獲得するほかないものであろう。教育は、そのような個人の自主的・主体的な――従ってまた時間のかかる――営みを飛び越えて、その教育する子どもの中に、価値規範を組み込む方法はもたないのである。

(3)「政策的選択」ケースの場合

この論理構造をさらに一般化するには、「政策選択問題」ケースの場合に、この構図がどう変容するのかを検討する必要がある。確かに問題によっては一定の学問的見解が存在し、ある場合には多数の支持を得た学問的見解が存在しているとしても、政策選択自体は、一人ひとりの選択をもとに決定されるべきものである。十八歳選挙権で問題になるのは、このような政治選択に関わって、公教育はどういう責務を負っているのかということである。

「政策選択問題」ケースと「到達点のある論争問題」との基本的な相違は、「基礎的知識の提供」(「教える教育」の領域)という部分での内容にある。「政策選択問題」のケースでは、その選択自体についいては、皆に伝達すべき客観的な学問的結論は存在しないということが基本となる。その場合、次の二点が「教える教育」領域には必要になるだろう。

①対立する両方の見解、その見解の根拠となっているデータ、資料などを提供すること。

②そのテーマに関わって、学問的に明らかにされている到達点、解明されている事柄などを提供し、生徒の分析・判断力を高める科学的視野や事実認識の形成を促すこと。

よく、対立する見解がある論争点については、その両方を提示して、生徒に考えさせると言われるが、実はそれだけでは不十分である。今、対立する二つの見解、主張を学ばせる授業の形を「二極型」授業と呼んでおこう。しかしただ対立している見解を、それらの見解が根拠にしている資料やデータとともに示すだけでは、それらが科学の到達点に立脚した論争として深められるという保障はない。その論争問題について、一体、学問的、科学的にみて、何が論争の焦点であり、どういう根拠や判断が争われているのか、その土台にどういう科学的認識の到達点が存在しているのか等々に対して、教師は、

二極型と三極型授業の構図　【図 - 3】

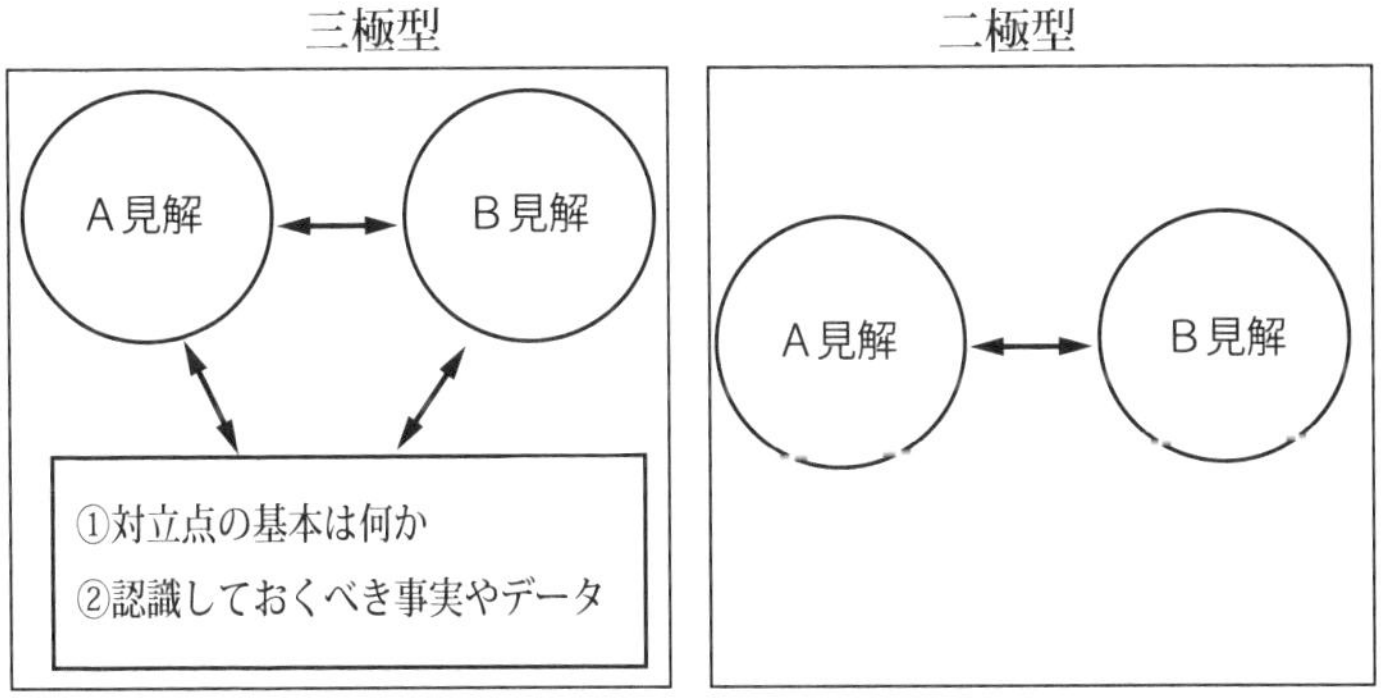

それに見合った知識の習得、資料や分析視点を探究していく学習を生徒に取り組ませる必要がある。それをここでは三極型の授業と呼ぼう。二極型と三極型の違いを構図で示しておこう。

重要なことは、政策選択は、ただ対立的な見解があるということだけで、その両者を比較して選択するというのではなく、その根本に、その政策の対象となっている事態に対する認識、評価、それらを解明していく科学の視野がきちんとすえられていることが必要なのである。したがって基本は三極型で学習が進められるべきものなのである。

ある政策選択課題について、主体的かつ科学的判断力を形成するには、その問題を考える視点や判断規範を生徒が主体的に形成する必要がある。たんなる、AかBかの選択ではないのである。時としてはAもBも批判の対象となり、選挙でいうと棄権という選択もあるのである。あるいは政党に対して、政策検討会を開いて、それぞれに批判を提示し討論することも教育的には大きな意義を持つ。「中立」という規範が、ともすると、論争のある政策選択問題については、その対立する両方を提示して生徒に議論をさせれば良いと考えられがちであるが、対立する論点のどこを中心的に取り上げて生徒に考えさせるか、どういう資料やデータに依拠して考えさせるかということの教師の指導なしには、表面的な対比に終わったり、対立点を押し隠した政治宣伝だけを見て判断したりすることにも繋がる。それでは教育の責任は果たせない。

教育の責任は、単に中立として対立する見解の「真ん中」の位置に立つことではなく、その政策判断を行える科学的認識力を生徒に獲得させることなのである。もしそのような教師の努力が、生徒の学習に意図的な介入をしたとして権力からの批判に曝されるならば、それは明確に教育への政治的介入として批判されるべきことなのである。

具体的にはそれはどのような教師の営みを指しているのか。例示してみよう。

①憲法改正論議が起こったケースの場合に、賛成と反対の見解を紹介する（生徒に調べ検討させる）だけではなく、立憲主義という立場が憲法学において基本的な考えとして

成立しているという学問の到達点を知らせることが不可欠であろう。人権や生存権、各種の基本的人権がどのような「人類の自由獲得の努力」（憲法第九七条）よって達成されてきたかの歴史を学ばせることも不可欠だろう。世界の憲法に共通する性格や理念を調べることも重要であろう。また大日本帝国憲法へのいかなる批判から日本国憲法の内容が確定されたのかの理解も不可欠だろう。

②消費税問題であれば、国民の所得の平等的再配分として機能するケースと逆に所得格差の拡大として機能するケースの両方があることについての構造的理解が不可欠であろう。そもそも税金という仕組みは、富裕な人々、企業などから多く税を徴収し、それを再配分し、格差や貧困を克服し、すべての人々の生存権を保障するために運用されてきたという理念の理解も必要であろう。（注）

③原発の再開か廃止かという問題であれば、３・11による被害がどのようなものであったのかの歴史的体験をしっかりと踏まえて政策判断が行われるように学習させることは欠かせない。原発は安いという「神話」が崩壊し、原発電力価格の計算には多様な計算方法があり、どのような計算方法が妥当であるのかを生徒自身が考える分析的視点が提供されることも必要である。①電力会社の投資に対応する電気料金、②税金を注ぎ込んで原発を促進してきた補助金を含んだ電力の価格、③事故補償を含んだ電力料金、④未

だ技術的にも未開発な放射性廃棄物処理まで含んだ費用を合わせた料金などがあり、③段階では原発の電力料金は相当高価なものとなる。原発は安いという神話はほとんど崩壊している。自然の再生可能エネルギー開発の現状と可能性についての現代の到達点を学ぶことも不可欠である。また原発技術の未完成性（廃棄処理の見通しが立っていない現実や事故リスクをゼロにできないことなど）を科学的に理解することも必要であろう。

（注）消費税をどうするかはまさに政策選択課題であり、唯一の「正解」があるわけではない。しかしただ両者の意見を紹介すれば良いというものではない。生徒がこの問題に自分の意見を持てるようにするためには、消費税をはじめ、税そのものの仕組みや性格についての以下のような点での「基礎知識」が不可欠であると思われる。箇条書き的にそれを挙げてみよう。

①国税の構成では、消費税が開始された一九八九年は所得税が税全体の約四〇％、法人税が約三五％強であったが、二〇一五年度では所得税と消費税が約三〇％強、法人税が約二〇％へ変化した（財務省統計）。

②所得税は累進課税であり、累進制は所得再配分機能を強く持っている。消費税は、累進制がない。累進制がない消費税が税全体の三〇％をしめるようになった。

③実は消費税は逆累進性的性格を持つ。年収別に見ると消費税一〇％の時、所得に対する税額割合の試算によると、二百〜三百万円世帯は六・七〜六・八％、千五百万円以上は二・四％の負担となる（みずほ総合研究所「消費税率引き上げに伴う家計負担」二〇一三年十月三日による）。

③所得税の累進制が一億円前後で最高の二八・四％であるが、それ以上は低下し、百億円超では一四・六％となる（二〇一二年度，国税庁資料）。それは株などによる収入には累進制が適用されないことなどが影響している。

④消費税は一九八九年の開始以来拡大し、二〇一四年時点の累計で二百八十二兆円、逆に法人税は、その時からの減少額の累計が二百五十五兆円。消費税は法人税減収分を補填した形となった（財務省、総務省資料による。「赤旗」二〇一四年五月十九日報道）。

⑤しかし消費税が、福祉として支出されるならば、それは底辺階層に対する所得の再配分として機能する面がある。その点では、消費税が何に使用されるかによって所得再配分的格差是正に効果があるかどうかが決まる。ドイツ（消費税は約一九％）や北欧諸国の消費税は、そういう所得再配分＝平等化効果が大きい。日本の場合、消費税増加にもかかわらず、福祉・社会保障の削減が続いている。

ここにあげた数字は、消費税反対を根拠づけるわけではない。しかしこれらの数字を踏まえて考えることが国民に求められよう。そして税制がもっている富の社会的再配分という重要な機能から、日本の消費税を科学的に分析することは、教育においても重要な課題ではないか。「消費税を取られるっていやだね」などという利己的な感覚で、消費税反対だなどという選択はさせたくない。税の学習は、日本国憲法の「生存権保障」を、国民自身が作り出した富をよりよい税制度を通して分かち合い、困難を抱えても人間として生きることを支える連帯の方法を探求する学習として実施したい。

実は、主権者への政治学習は、大きな二重構造になっている。普段の社会科の学習（社会科に限らないが）は、その多くが、「到達点のある」しかし「論争的」な問題を扱っている。そしてその中で生徒の社会認識が大きく形成される。ある意味で社会的論争問題は、そのほとんどが、一定の社会的、あるいは科学的な到達点を踏まえた上で考察され、同時に将来の選択については、今後の論争を経て民主的な手続きで決定されていくという性格を持っている。だから、選挙があるから「政策選択課題」についての政治学習を急遽行うということでは、本当の主権者教育はうまくできない。そうではなく、普段の「一定の到達点のある」、しかし「論争的」で、かつ生徒自身の固有の認識経路を励まし保障しつつ主体的な価値判断体系を育てる授業が、豊かに展開される必要がある。そしてその普段の授業自身が、価値判断体系の形成という点では、「政策選択課題」の学習とほぼ同じぐらいに論争的に、生徒の価値判断の自由の下で進められることが必要になる。

（4）生徒の主体性を育てる

ただ、注意しなければならないことは、そういう深めるべき課題、そしてそこから見えてくる問題について、教師が、科学的判断として、資料やデータを駆使して、生徒に「伝達」する一方的な授業となるならば、問題を深める探究のプロセスは教師が「独占」して、その「結論」を学ばせることになり、生徒はその「正解」を覚えるだけという、古い伝達式授業、「正解」を教え込む授業へと逆戻りする可能性がある。生徒が政治の主体になるということは、教師が教えた「正解」に沿って判断し行動する生徒を育てることではないはずである。生徒自身が自分で情報を集め、論争の焦点がどこにあるかを自ら探究し、議論をする中で、自分の見解を創り出し、他者への応答責任を背負って、自らの主張を形成していくような学習と論争の空間、科学の方法に依拠し、他者との応答責任を背負う公共的な学習空間を作り出すことが何より大切になっている。

その意味では、あえて言えば、二極型の学習と出会わせ、その両者の論争点を知ることを契機に、生徒自身が三極型の探究へと自ら進んでいくような学習と探究のプロセスを生み出すことが求められるのである。そのためには、生徒の学習に対する深い信頼が教師には求められるだろう。生徒は本当に物事の本質や原因を明らかにしたいと思うならば、教師や大人が考える以上の探究力や分析力を発揮するに違いない。今まで、多くの生徒達は、そういう探究力や分析力を求められ、期待されるような学びの場、舞台に置かれることがなかったのではないか。そういう生徒の学びを生み出すためにこそ、教師は、対立する論点の焦点がどこにあるのかを深くつかみ、先に示した「三極構造」の土台に位置をとって、生徒の学習を支えなければならないのである。

したがって、「論争的な政策選択課題」に関する学習における教師の教育上の責務は、次のようなものであると考える必要があるだろう。

第一に、いま述べたような科学的方法と公共的論争空間を作り出すこと。

第二に、問題の本質がどこにあるかへと近づいていけるようなアドバイスやヒント、資料提示などを、援助として行うこと。

第三に、その場合、一方的な片方だけの資料を提示するのではなく、対立する両方の見解、しかも本質的な論争点、争点が明らかにできるような本質的な対立見解をしっかり考えられるような「両方」の資料などを提示すること。その意味で「公正」な資料提示が必要である。それは生徒自身がその両方の考えと格闘して自分の見解を創り出すために不可欠である。

第四に、したがって、教師は、その「選択」をどちらにするべきかについては、生徒の判断に任せるという意味での「中立」の位置を取ること。したがってまた、議論においては、教師の考えに沿わなければならないと圧力をかけるような「雰囲気」や「評価」による圧力を作り出してはならないだろう。

第五に、しかしそれは、教師が自分の意見を言わないことによって、学習空間を教師の価値判断の影響力がないようにするということによってではなく、教師の判断もまた生徒と対等の、ひとりの主権者の考えという「対等」な意見として生徒が受け止め、むしろ教師の考えを批判することも自由で、かつそのことが授業の一つの目標となるような学習空間を作り出すという方法を土台にすえるものでなければならない。教師が自己の見解を表明する場合には、そういう位置づけを明確にして行う工夫が求められる。

政治的中立性と生徒の表現の自由の関係を補足しておこう。政治教育の目的は、生徒自身が主体的に政策選択をできる力量を形成することである。それは、生徒自身がいろいろある政党の政策に対してどれを選択すべきか判断できないという意味での消極的「中立」を抜け出て、積極的に政策選択ができる状態に至ることである。すなわち、「中立」という位置を超えた政治的立ち位置を獲得することである。したがって、科学的で思想や価値観形成の自由を保障した政治学習が有効に行われれば、その結果として生徒達は、それぞれの政治的主張を、「中立」という立ち位置を超えて明確に主張し、政治的な多様な見解が交わされ、様々な論争が飛び交う空間が生まれるということである。それこそが目標となる。

自分で調査し、見解をまとめ、表現し、論争するその全ての段階が学習と教育のプロセスである。その生徒の学習の過程に対して、それらの内容が「中立」かどうかなどという評価基準で点検し、生徒の学習、認識の思考錯誤的発展過程に政治権力が介入するようなことは、絶対許されない。参加型学習の中核は、自分の意見を社会に向けて表現し、表明することにある。そのような参加の過程は、当然、自分の意見を持って社会にかかわっていくことである。それは当然政治参加としての側面を併せもつ。高校生の政治活動の禁止や制限は、その意味ではそもそも政治学習の禁止と抑圧そのものに他ならないものとなる。生徒の真理探究や意見表明に対して権力は価値的な干渉をしないということ、また教師はそれらの表現の自由を保障し、守り育てるために、生徒の意見の形成と表明に対して価値的に「中立」の位置を求められているのである。教育の本質からこそ、「教育の政治的中立性」概念を把握しなければならないのである。

(四) 若者に政治主体の位置を保障することが政治学習を生み出す

本論文は、政治学習における教師の役割に焦点を置いたものとなった。趣旨は、政治学習においては、ただ対立的な論点を提示して生徒に学習させれば良いという考えを、批判的に吟味する必要があることを述べようとしたものである。しかしそのために、ともすると、従来のような授業の形態を前提として、教師の教育内容編成を工夫する必要があるというふうに読みとられるかもしれない。しかし今までの教育のイメージのままに、生徒に「政治学習」を押しつけても、おそらく事態は変わらないだろう。

「政治」という概念を、若者のイメージの中で転換する必要がある。社会科は「暗記科目」となり、また社会科で政治を教えるとは政治の仕組みを教えることに止まっている。しかしそれでは生徒はほとんど興味がないままで終わる。政治学習をしたら主権者になるのではない。若者に主権者という立ち位置を保障することが政治学習を呼び起こすのである。明日への希望が見いだせず、安心して生きられず、「生きさせろ」（雨宮処凛）と叫びたい衝動に駆られる事態に置かれているという立ち位置が、政治学習と政治参加に結びつかない断絶こそが、若者を政治から遠ざけ、若者の主権者性を抑圧しているのである。

「自己責任」、「競争に勝ち抜け」等々の若者へのメッセージが、政治参加を抑圧してきたことをあらためて考えなければならない。政治や社会の側に問題はない、高めるべきはお前の能力や主体性や表現力であり、「生きる力」なのだというメッセージが充ち満ちている。そう述べる大人達は、若者からみれば政治に関心を持たず、政治を断念した大人にほかならず、そういう大人が十八歳に政治参加を強要していることは、そもそも矛盾であり説得性をもたない。

政治とは、人類がよりよい生き方、命を守り人権を守り、社会的正義を実現しようとして苦闘してきたプロセスであること、政治学習とはそこから獲得・蓄積されてきた社会的正義や方法を身につけ、自分をエンパワーする学びだという政治のイメージをどう形成できるかが問われている。そして若者のなかに、自らの人間的尊厳を実現する生き方、社会と生活を切り拓く方法、自分への信頼を取り戻したいという思いを熱く立ち上げること――お互いがそのような自分を作りたいという思いを抱いていることを相互に知り合うこと――こそが、政治学習の土台を作り出すのである。十八歳選挙権を行使しようとするエネルギーは、そこからこそ引きだされてくるのではないか。

この政治学習は現代の学校教育と生徒の学習観に深く浸透している学習観、すなわち、「真理＝正解」を修得して、問い（テスト）に対して「正答」を解答するための学習とは根本的に異なっている。テストに「正答」で解答するというスタイルの学習は、その意味と価値が、学力偏差値として示され、それを求めて学習が動機化される。しかし政治学習の目的と意欲はこれと全く異なっている。前者が前提とするような学習の目的観や価値観の上に、政治学習を接ぎ木することはできない。政治学習の目的と価値は、社会の主権者、歴史をつくる主体としての誇り、自分の運命を自分で切り拓いていくことができるという自己への信頼感の獲得、すなわちユネスコの「学習権宣言」に記されている「なりゆきまかせの客体から、自らの歴史をつくる主体」に成長できることのなかにこそ存在している。

今回検討してきた教育する側の責任の検討は、このような若者の新しい学習を切り拓くための方法に他ならない。その学習の転換のイメージを持つことなく、ただ教師の側の責任や責務だけをいくら緻密に検討しても、若者の政治参加は実現しないだろう。そのことを最後に付け加えておきたい。

第5章　若者を歴史を作る主体に
――主権者のための学習への転換――

(1) 歴史的な岐路としての時代

十八歳選挙権が実現された。これは日本の政治に対して、大きな意義を持つものとなるだろう。今、多くの若者が、「声をあげる民主主義」を体験しつつある。それは新しい政治参加の波が生まれつつあることを意味している。

今日本社会は、異常ともいえるほどに、社会矛盾が噴出しつつある。格差貧困が拡大し、多くの若者は、安定した職業に就くことができず、ワーキング・プアに陥る不安を感じつつ、苛酷な競争の中におかれている。憲法第9条の解釈改憲が行われ、アメリカの戦争に参戦して、世界各地で日本の若者が戦争に参加させられる可能性が高まってきている。二〇一一年の3・11東日本大震災と福島原発事故からの復旧、再建、原子力発電の再稼動をめぐって、日本は、歴史的選択を求められている。人権や平和や生存権が、いつ奪われるかわからない不安と危機が私たちの目の前に出現している。

にもかかわらず、そういう困難は、未だ政治への要求には必ずしも結びついていないように思われる。日本の子どもや若者は、長い間、政治から切り離されてきた。教育もまた、激しい受験競争の中にあって、日本の政治の主権者を育てることに失敗してきた。若者を、そして高校生を、この大きく変化する日本社会の未来を託する主権者として迎え、ともに政治を語り合う場を創り出すことが教育の課題となっている。

(2) 政治とは、ともに生きる方法を探究する過程と制度

政治とは、人間の共同性を実現するための制度と過程であり、その改革、発展を通して、人類は、人間の尊厳を実現する方法を発明し発展させてきた。人権、平和、民主主義、生存権など、私たちが受け継ぐべき社会的正義は、政治の中で発見されてきた。国家単位で社会のありようを選びとる方法が、政治の仕組みとして制度化されてきたのである。国家の誕生とともに、人類は、この国家制度なしには生きられなくなったのである。

国家は強大な武力を伴った権力を掌握し、人々を支配し、個人の命をも左右してきた。

しかし人類は、市民革命を実現し、この国家を個人の人権と自由、平和と生存権、人間の平等と民主主義を実現する仕組みへと改変するたたかいを続けてきた。そして「多年にわたる自由獲得の努力の成果」（憲法第九七条）として、政治のあり方を規定した最高の到達点である憲法を獲得するに至ったのである。憲法に基づいた政治――立憲主義――を実現することで、政治は、人間の尊厳を実現するための最も高度で人間的な方法へと組み変えられつつある。政治は、その意味で、人間の力の最も高度の結晶といってよい。だから、その政治を自分のものにすることが国民の権利であり、国民の力を実現する方法なのである。それ故に、私たちは、決して政治そのものを手放すことができない。この政治の方法を通すことなくして、強大な国家権力を、人権と人間の尊厳のために働かせることができないからである。

政治学習とは、その中から蓄積されてきた正義と方法を身につけ、自らの生き方、社会と生活を切り拓いていく学びと探求の過程である。十八歳選挙権が実現された中で、それに応える新しい政治学習が、大胆に創造される必要がある。

(3)「正解」を伝達する学習を生徒の主体的判断力を育てる学習へ組み替える

しかし現実には、多くの高校生には、社会科は暗記科目と捉えられており、また社会科の政治学習は、政治の制度的な仕組みを学ぶことにほとんど止まっている。そのため、政治学習に、多くの生徒は興味をもたないままで終わる。そのような現実を土台に十八歳選挙権が実現されたという事態が重ねられると、高校生は、これからは「主権者」としての政治学習をしなければならないとあらたな学習義務が課せられたかに重荷を感じ、教師は「主権者」へ生徒を教育しなければならないと考えてしまう。

だが、「主権者」は、教育されることで初めて「主権者」としての資格を持てるのだろうか。教育は、生徒たちを「主権者」になれる水準まで教育することが求められているのだろうか。大人たちはそういう水準を獲得したから主権者となったのだろうか。そうではないだろう。「主権者」とは、政治のありようを決定する正当な権利を与えられているということであり、その権利を行使する力を持っていると認められているということであり、十八歳であろうと大人や教師と対等の判断者としてその考えが価値を持つということであろう。だから社会科や政治学習の空間が、そういう対等の判断主体の考えがつきあわされ、応答責任を背負った探求と討論の場となることが求められているのである。

生徒を、すでに、今の君たちが、現に「主権者」なのだ、というスタンスに立たせることが求められているのである。多くの問題が政治と繋がっていること、政治が自分たちの生き方や行動や生活のありようを規定しているという現実認識、自らを規定し拘束するものとして政治を捉え、その政治を主体的に切り拓いていく場に自分がいるという位置を自他共に認識すること、そこに出発点がある。

（4）政治制度の恐ろしさ――議会制民主主義の危うさ

しかし現実の政治は、権力者やその取り巻きの利権を実現する手段として、また支配者の支配を正統化する仕組みとしても機能し、時には国民の自由を奪うものへと歪められる力学の中にある。実際には、政治は、人間の尊厳や基本的人権の実現を求める願いと、この権力を使って自己の利益を増やそうとする権力者との対抗の場であるとみた方がリアルであるかもしれない。

重要なことは、議会制民主主義という手続きを経て権力が成立することで、そこに選ばれた権力が、それが実際にはどんな意図をもっていても、国民の意思によって選ばれた代表であり、そこに掲げられた政策は国民の同意を得たものだというお墨付きが与えられるということである。また、権力は自らが生み出した社会破壊や困難をも、外からの攻撃の結果として描き出し、国民が一体となって政府を支持するように仕向けるナショナリズムの戦略をたびたび用いてきた。加えて、政府は、現実の「汚れた」政治や国民の参加を妨げる政治がうみだす「無関心」や「政治不信」をも、自らへの批判を押しとどめる政治的態度として利用して自らの正統性を獲得し、着々と自己の目的を達成していく狡猾さも持ち合わせている。そしてそれは、時として独裁をも生み出す。あのヒットラーの独裁すらもが、議会選挙の結果として生み出されたものであったことを思い出す必要がある。

日本の政治は、今、そういう危険をはらんでいる。とするならば、日本の岐路における政治選択を、その重大さにふさわしい意識性をもって、しっかり吟味し、決断することが、今、求められているといわなければならない。

十八歳選挙権の実現は、そのような政治の意味を若者が意識化し、日本の歴史的岐路を若者自身が自らの手で切り拓いていくチャンスとして、生かされていかなければならない。

(5) 思考の自由、主体的判断を取り戻す

十八歳は、青年期の最中にある。本来多感であり、自分の生き方と社会の現実の間で葛藤し、社会への批判意識を高め、自己実現のためにも社会のありようを深く問い直す力を急速に獲得していく飛躍の時代である。そのような青年期の社会との葛藤や政治と

の出会いが、次の時代を担う新しい世代の社会観や人間理解の基礎を創り出すはずのものなのである。

しかし日本社会は、そのような若者の社会的、政治的な覚醒を押さえ込んできた。激しい受験競争に参加して、社会から閉ざされた競争空間でサバイバルすることが、多くの若者に求められている。若者に降りかかる矛盾や困難は、自分の能力や競争力不足として「自己責任」化され、背後にある「社会問題性」が隠蔽され、政府の政治が、若者たちの批判の対象になることからすり抜けている。

しかし、本来、子どもや若者が学ぶ一番の目的は、政治も含んで、個人が、社会で生きていくために、主体的に判断する力を身につけることであろう。残念ながら、日本の学校の学びは、激しい受験学力競争で成績（学力偏差値）を高めるための勉強へと矮小化され、逆にその成績で人間の「値打ち」を競わせ、その差を理由に社会的差別を正当化し、人間の尊厳の感覚を奪う機能をも背負わされてきた。今までの学習の特有の性格が、すでに負の政治的性格をもたらしつつ遂行されてきたのである。

政治に参加する学習は、「正解」を知っているかどうかという基準で、意見表明が許されるというものではない。個人の感じ方や生活感覚や要求や願いが、自分の考えや選択に反映されることこそが必要であり、その内容をはっきりさせ、議論し、社会のおかしさの根源を一緒に解明していくような学びが重要になる。その学習は、現に今、矛盾の中で生きている自分の中に湧き起こっている思い、苦しみや、時には怒りにも意味があり、自分の存在の固有性の証明ですらあることを改めて気づき直す主体性回復、自己回復の過程でもなければならない。自分の人間としての尊厳の意識を回復することこそが、政治的選択を行う主体としての自己確立を支えるのである。

政治学習において、何が真実であるかの探究は基本的人権として保障される。それは憲法第二三条「学問の自由」（国民の真理探求の自由）および第二六条の教育を受ける権利によって保障されている。子どもの権利条約もこれを保障している。

一九八五年ユネスコ「学習権宣言」は、学習権を「自分自身の世界を読みとり、歴史をつづる権利」と規定し、「人間の生存にとって不可欠な手段」であり、「もし、世界の人々が、食料の生産やその他の基本的な人間の欲求が満たされることを望むならば、世界の人々は学習権をもたなければならない」、「もし、私たちが戦争を避けようとするなら、平和に生きることを学び、お互いに理解し合うことを学ばねばならない」、「学習活動は、あらゆる教育活動の中心に位置づけられ、人々を、なりゆきまかせの客体から、自らの歴史をつくる主体にかえていくものである」、と規定していた。「政治学習」の意義がここに見事に規定されている。

(6) 政治学習にとって、表現の自由が不可欠である

政治学習は、当然にも、現実の政治に対する批判や意見をともなう。その批判や意見を封じることは、歴史的な深刻な経験を経て――天皇制絶対主義による侵略戦争の非人間的で、悲惨かつ無謀な経験を経て――、絶対に許されないこととされ、学問や教育の自由の原則が確立されてきた。教育や生徒の学習が、現実の政府の政治を批判的に吟味することは、民主主義国家(主権在民国家)にとって不可欠であり、教育の責務である。そのような学習と教育が保障されることで、国民主権国家はより発展し、国家権力の正統性もまた高まる。

求められている政治学習は、現代の学校教育と生徒に深く浸透している学習観、「正解」を修得し、問い(テスト)に対して「正解」を答えるという学習観をそのままにしては、実現できない。テスト対応型の競争的学習は、その意味と価値が学力偏差値として示され、それを求めて学習が動機化される。しかし本来の政治学習の目的と意欲はこれと全く異なる。前者が前提とする学習の目的と価値観の上に、新しい政治学習を切り拓くことはできない。

政治主体を育てるためには、生徒を知識を伝達する客体として啓蒙の対象にするので

はなく、学び考える主体としての位置におき、それを支え、援助するという教師の立ち位置が求められる。現実を調べること、批判的に物事を見ること、そこから問題を発見すること、自分の感覚や思いに立脚して考えること、他者の思いや願いを聞き取る力を獲得すること、思いや考えを自由に表現すること、討論によって他者と意見を交換すること、討論のなかで応答責任を負うこと――などなどの力の形成が不可欠となる。政治学習の展開の全ての過程で、生徒を主人公とした学習の仕組みを作り出すことが求められる。

自らが置かれている状況や社会の現実に根ざした探究を開始するならば、生徒は必ずや現代政治の民主的な担い手としての視野や認識を獲得してくれるという、生徒への深い信頼に立つことが求められている。十八歳選挙権の下での政治学習は、日本の教育に浸透した生徒の学習の受動性を克服、転換していく挑戦を伴わなければならない。

教育＝学習一般において、知識を獲得し、討論をし、自分の意見を作り出す能動的な展開をたどるためには、「表現」が不可欠である。表現とは、自らの意見の形成の過程であり、他者との応答責任を負ったコミュニケーションの場に参加して自分の考えを客観化し、発展させていく重要な学習の段階である。教師が一方的に生徒の発言を「正解」かどうかでチェックし評価するような学習空間では、生徒は自分の考えを自由に表現できない。

表現の自由の空間は、同時に他者への応答責任を背負うことを求める。この応答責任を背負った論争の中で、生徒は自分の考えの説得性を高めようと努力し、過去の歴史的教訓や証拠を組み込み、論理的整合性や一貫性を高め、発展させていく。このような応答責任を背負った公共的な真理探究の場を創り出し、そのような公共的空間への表現による自由な参加を促すことが、生徒の政治学習の質を高める。

したがって、生徒の表現に対して、権力や行政が直接干渉し、その表現を抑圧することは決して許されない。生徒が学習の成果を表現し、発表し、討論することに対して、その表現内容を制限したり抑圧するならば、それは学習そのものの展開、発展を抑圧する。

(7) 生徒の生活の中に自治と政治を立ち上げる

「政治学習」のリアリティーは、生徒自身が政治を自ら作り出す課題と必要性に直面することによってこそ与えられる。そのための政治参加の一つは、クラスや学校の自治の担い手となることである。

今、生徒が仲間とともに生きる空間の歪みが深刻化している。「居場所」を確保するいわばイス取りゲームが、いじめの空間、ネット空間でのバトルとして展開している。

いじめとして展開している生徒のミクロポリティックスの世界の矛盾をしっかりととらえ、生徒のなかに平和、安全、平等、表現の自由、民主主義の政治的正義を実現することは、今教師にも生徒にも、はげしいたたかいを必要とするほどの課題となっている。教室と生徒間に憲法的正義を実現するには政治学習が不可欠である。この他者とともに生きる空間の歪みを克服していくためには、他者の尊厳を保障しあい、個が人権主体として平和に、安全に、自由に生きられる公共空間を作り出すことが不可欠になっている。

それは、たんなる学習を超えて、教室と学校の生活の中に民主主義的で自治的な政治そのものを作り出していく営みと結合されてこそ進めることができる。その意味で、政治学習は、今、子どもたちが生きている身近な世界を人間化するたたかいの一環となることで、本格的なリアリティーを獲得する。子どもが生きる空間に人権と平和のための政治を作り出すことと、現実政治に対する政治主体の形成とは深くつながっている。

基本的人権への要求や政治的要求は、民主主義が保障された中でこそ、個によって、生きるために不可欠なものとして発見される。いじめや同調圧力の中で、自分の思いを封じられ、「居場所」を確保するために他者に受け入れられる自分を作り続ける中で、本音を見失い、自分の苦しさや理不尽の率直な表現を断念し合っている中では、自分に降りかかる困難を自己責任として引き受けるほかなくなってしまう。生徒の中から自治が、表現が立ち上がってこなければ、自由に議論し学び合う空間も生まれてこない。一人ひとりの困難や本音の思いを受け止め、聴き取り、個として尊重し合う民主主義の空間が、個から発する主体的な政治を一人ひとりの中に立ち上げることができる。その意味で、主権者への形成は、生徒の間における自治の形成と不可分に結びついている。

（8）権力こそ生徒の政治学習に対して「中立」の位置をとらなければならない

十八歳選挙権が実施されることになった時点で、それを積極的に進めようとしてきたはずの政府は、十八歳選挙権が可能性としてもっている若い世代の主権者としての成長を恐れたのか、高校生の政治活動や政治学習に対して、急いで、制限や禁止をかけ、教育は「中立」でなければならないなどと、学校教育に対する統制と干渉を強めつつある。一九六九年に出された高校生の政治活動についての文部省通達は、高校生の政治活動の禁止を押しつけてきた。ところが十八歳選挙権の実現によって完全に破綻したこの「通達」を手直ししたあらたな文科省通知（「高等学校等における政治的教養の教育と高等学校等の生徒による政治的活動等について」二〇一五年十月）もまた、校長の判断で、高校生の政治活動や政治学習を学校の内外で、取り締まろうとしている。

しかし、間違ってはならないことは、「教育の政治的中立性」とは、歴史的にみて、何よりも、権力は教育内容や教育方法に関わる価値内容に干渉したり統制を及ぼしたりしてはならないという規範として、すなわち学校教育の価値内容について、さらには生徒の真理探究としての学習的探求に、権力が干渉しないという意味で、「中立」であることを求める規範なのである。したがってまた、高校生や大学生が、若者が、なにが真実かを見極めるために、自由に学習し、またその成果、そこで獲得した認識や考え方に基づいて、自分の意見を表明し、社会参加していく自由を制限するものであってはならない。個人の学習の方向や内容が「中立」でなければならないなどという規範が存在するなどということは全くないのである。

もちろん、政治選択は、未来をどう選ぶかという選択であり、それに一つの、しかも誰もが反対することができない「正解」があるというものではない。教師も、自分の考えや価値判断を、生徒に押しつけるような教育を行うならば、それは生徒の権利を侵すものとなる。教師は、政策選択課題の教育において、生徒の思考と価値判断の自由を保障し励ますという立ち位置を取らなければならない。

(9) 青年期の学習を実現する

青年期にとって、社会との改めての出会いが不可欠である。社会に対する個の存在の意味、他者に対する自分の役割の取得、労働と政治を通した社会参加への見通し、総じて社会的意識を踏まえた自己の新たな発見を経ることなくして、青年期の学習目的と学習意欲の形成はできない。受験学習が、目的を問わない――より極端な言い方をすれば、目的を問うことを許さない――学力の獲得を、個人の人間としての価値評価基準として強制している中で、日本の若者の青年期が奪われているのである。

本格的な政治学習の実現は、その克服の一環となる。そういう政治学習は、高校生に、大人の知識や判断を教え込むものではなく、今の社会の問題をどうすれば解決できるのかという、大人が直面している困難を解決するために、若者に、高校生に、知恵を借りることであり、彼等に日本の未来を託すことであろう。大人自身の社会との格闘、政治との格闘をしっかりと若者に示し、その格闘をともに担ってくれることを呼びかけるものでなければならない。政治という世界に、人間として生きられる仕組みを作り出す不可欠な営みがあることを、若者や高校生に知らせることができるかどうかが問われている。その大人からの心からの訴えは、日本の若者の新しい本格的な青年期の情熱を引きだすものとなるのではないか。

そのためにも、教育の場に、自由に意見を交わし合う民主主義が不可欠である。政治の空間で生まれた声を上げる民主主義の噴出を、教育世界での自由な声を出せる民主主義の立ち上げに繋ぐことが今日の課題である。歪められた「中立性」による恫喝は、この動きを封じようとしている。

最後に補足しておくが、若者の政治的主体への成長は、教育だけによって推進されるものではなく、社会的な「形成」によっても強力に行われる。「形成」とは、生徒が生きている社会や大人の政治活動が作り出すさまざまなメッセージが、直接・間接に影響を与え、生徒の価値観形成や態度形成に影響を与える作用を指している。

その点でいえば、投票率の低さや大人の政治的無関心、大人自身が声を挙げる政治を作り出し得ない状況は、これからの政治を担う子どもや若者に対する否定的な形成作用として、多大な影響を及ぼす。大人自身が政治参加を高めること、政治に対して声を挙げること、主権者として子どもの前で、希望を切り拓く政治を作り出すために全力の努力をすることが、十八歳選挙権の実現の時代における大人と教師の若者に対する責任であることを忘れてはならない。

第6章　歴史を考える力としての学力の構造

――「仮説性」という概念を介して歴史認識の学力を考える――

ここでは、社会科、特に歴史認識という領域において、学力とは何かを考えてみたい。その際のキー概念となるのは「仮説性」である。「仮説」とは、科学研究における真理探究のために、実証に向けて検証可能な論理的構造を持った理論枠組みを指す。その「仮説」を組み立て検証する力量を社会科の学力の中核に据えると共に、主体的歴史認識、歴史像の形成は、「仮説」という形式においてこそ成立すると捉えることで、歴史認識における学力論、そのための教育方法論のトータルな性格を把握できるのではないかと考える。

3・11の大震災と福島原発事故は、未曾有の困難を日本社会に背負わせている。そのなかで、私たちはもはや今までの社会の仕組みをそのままに承認して生きていくことはできない状況におかれている。命の危機にさらされ続ける人びとを前に、生存権の実現、安全の確保、連帯と共感の具体化が緊急の課題であり続けている。今までの日本の歩みと未来像を問い直し、地球的な持続のための方法を新たに切り拓かなければならない。そのためにも、今までを根底的に問い直しうる歴史認識、歴史像を再構築しなければならない。その作業は、絶対的真理としての「正解」を正確に習得することとしてではなく、各自が自己の歴史観、歴史像を仮説として構築し、公的な論争空間に参加することとして進められなければならない。その課題に応えうる歴史教育、歴史学習、歴史認識に関わる学力とは何かが問われている。その問題への手がかりを探ってみたい。

そのことは、教育の「政治的中立性問題」にも深く結びついている。特に第四章で検討してきたように、生徒の歴史観や社会観、そして価値的判断体系を育てていくために、生徒の思想形成の自由の保障が非常に重要となる。そしてそのためには、教師は生徒の価値観に対しては「中立」の位置取りをする必要があることも論じてきた。しかし、ではいったい生徒の中にどういう認識や価値的判断体系を育てていくのかというその内容については、未だ論じ切れていない。ここでは社会科の学力の核心とは何かという問題を、その価値判断体系と結びつける形で、検討してみたい。

（1）「物語」としての歴史と「科学的な歴史」の関係をめぐって

「つくる会」の歴史教科書は、民族の誇りある歴史を称揚するための「物語」であると自称する（注1）。そういう「物語」としての歴史記述は、一定の新鮮さや説得性を子どもたちにも感じさせる。もちろん「つくる会」のような仕方で、歴史の事実を歪曲し、「物語」をでっち上げることは、根本的な間違いである。しかし、歴史叙述に一定の歴史理解、歴史像が組み込まれることは、不可避である。

物語性という言葉には、フィクションというニュアンスが伴う。そういうニュアンスで物語性を捉えるなら、その歴史叙述は、主観的、あるいはイデオロギー的な歴史像が先にあり、それにあわせて歴史事象を選び構成した「物語」ということとなる。しかしもう一方で、歴史的事象のみを並べたとしても、それは年表とはなり得ても、歴史の変化の土台にあるその動因、法則、因果関係などを含む体系的叙述とはなりえないだろう。とするならば、同じ時代についての歴史叙述であっても、何が本質的な歴史事象であるかについての理解の違いや諸事象を関連づける論理の多様性などを含んで、歴史像も多様性を持たざるを得ない。

そう言うからといって、歴史発展の論理についての不可知論的立場を主張しようというのではない。科学的な体系的歴史叙述は、歴史学の方法に基づく一定の実証性と体系性をもって、歴史学の土俵で正当性を主張しうる科学的仮説性に基づくことで、はじめて可能になる。だから「科学的仮説性」と歴史叙述の「物語性」とは、決して断絶したものではない。

別の言い方をするならば、私たちは歴史の法則と意味を発見し、その意味との関連のなかで自らの行動の歴史的意味を見いだし、その法則のなかに意識的に生きることをとおして自己の力を強め、意味ある歴史主体として生きようとする。自分の前に生起する歴史的事象に対する個人の意味づけ、価値判断的対応が不可避となる時、自己の行動、選択を意味づける歴史認識、歴史像は、新たな仮説の再構成という性格を持たざるを得ない。それは真っ当な意味で未来への希望や予測を含んだ自己の物語を描くという性格を持つ（注2）。

ここで重要なのは、そのような物語性を伴った仮説的歴史像、歴史観を、他者との論争の土俵において自己の正当性を主張しうる科学性、実証性、論理性を携えて、応答責任を引き受けうるかどうかである。そしてそういう応答可能性、応答責任性（注3）を引き受ける構えを持つならば、むしろ「物語性」とは、歴史に対する自己の主体性、目的意識性、課題対処性を科学的な仕方で意味づけ、吟味しようとする態度といって良いだろう。

実はほとんどの歴史叙述は、その最先端の問題関心においては、仮説形において展開されている。歴史学的検証を経た個々の事実を土台にしているとしても、それを総合する仕方には非常に多くの多様性があり、個々の体系的歴史記述は、それぞれの個性ともいうべき異質性を持っている。しかしその異質性は、歴史学の成果と切り離された主観的な意図によって与えられるわけではない。歴史学の世界で承認されるためにはその差異の部分もまた、歴史学の方法から見て検証に耐えうるような科学的仮説の構造を持って提示されなければならない。しかしまた、それが「仮説」である限りにおいて、他の仮説との論争状態のままで、一つの科学的歴史記述として承認され、存在しているのである。ここでいう「仮説性」とは、何が正しいのかをめぐる歴史学研究の土俵に上がって、その科学性を争う資格を持っているということを意味する。

考えてみたいのは、歴史教科書といえども、その仮説性を不可避的に含み込まざるを得ないということである。断っておくが、だからアジア・太平洋戦争が侵略戦争であるかどうかは単なる「仮説」であり、そうでないという「仮説」もあり得るということを主張しているのではない。歴史研究が専門ではないので主観的な言い方になるが、この戦争が侵略戦争でなかったなどという科学的根拠をもつ仮説は今日では成立し得ないと私は考えている。

学力の構造　【図 - 4】

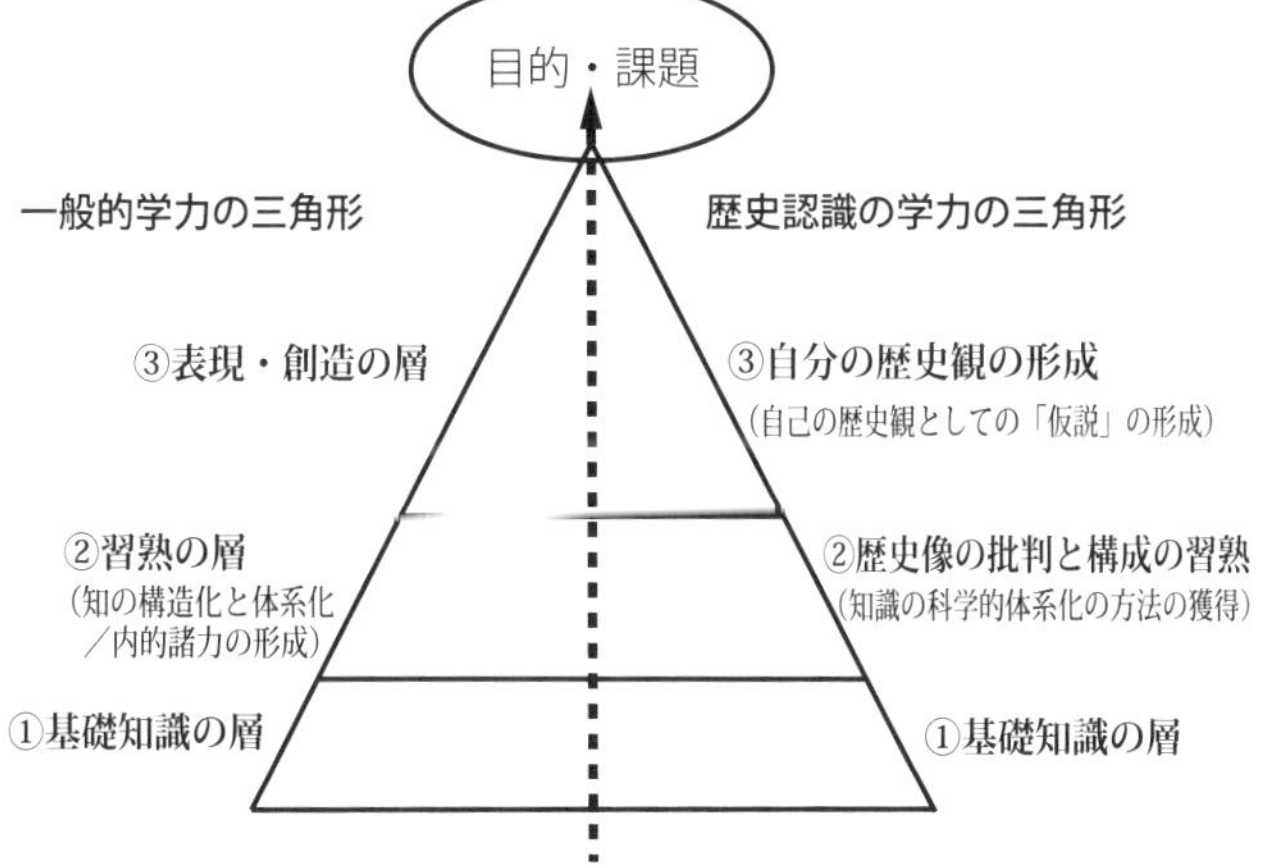

言いたいのは、個々人の歴史認識が主体的たり得るには、歴史学の成果を習得するだけでなく、自分のなかで再構成された固有の歴史像を形成しなくてはならないということである。歴史学習は、その再構成の質を歴史学の方法によって、主観的、恣意的なものから、科学的「仮説性」を持ったものにまで高めることを目標とするものと捉えられよう。

（２）歴史認識の「仮説性」と歴史に関する学力の構図

そこから、歴史認識における学力とは何かが見えてくる。私は学力についての三角形のモデルを提出しているが（注４）、それとの相似形で歴史認識の学力の構造が把握できるのではないかと考えている。それは以下の三つの層を持つものと捉えることができる。
①歴史に関する基本的な「事実」や「見方」についての知識の習得。
②それらを土台にして、歴史事象を分析し、体系的な歴史像を形成する方法の獲得。
③自らの歴史像、歴史認識と学習でえた知識や歴史（学）の方法、あるいは多様な歴史像とを交渉させつつ、自らの歴史像、歴史認識を「仮説」として構築する力の獲得。

私の学力の構図を説明しておくと、学力は、第一に、文化として蓄積されている知識・文化・科学・技術（知識と一括して呼ぶ）を習得することを基礎的要素とし、第二に、その知識を使いこなす（習熟）なかで、①知識を自分で使いこなせるように再構成し体系化すると共に——それは外的なものの主体化という性格をもつ——、②自らの思考力、判断力、分析力、表現力、身体を使いこなす力（まとめて思考力と呼ぶ）を獲得し——それは内的なものの発達という性格をもつ——、第三に、力として獲得された①、②の成果を統合し、自分の課題、目的を達成するために自分の主張、判断、作品、表現などを作り出すこと、という三つの層をもって構成されているものと把握するものである。

（注）

（注）学力の構図についての補足的説明

この学力の構図については、以下の補足的説明を付け加えておく。

第一に、この構図は、段階論的に学力が構築されていることを示したものではない。学力は常にこの三つの層を含んで存在しており、そして目的・課題に向かう能動性の下でこの三つの層が統合されている。第二に、必要な知識は確かに教育という側から体系的に教授される側面をもちつつ、同時に目的・課題の達成の必要からも点検され、新たに求められ、絶えず豊富化されていく。能動的な学習においては、知は、そのような仕方で多く獲得されるようになる。第三に、獲得された知は、目的・課題を実現する力をもったものへと習熟によって統合され構造化されていく。目的・課題の実現という能動的な活動は、その目的に接近する試行錯誤過程において、絶えずその土台に習熟過程を必要とする。確かに、その知や技術を使いこなすこと自体を目的とした習熟スキルが学力形成の方法として実行されることもあるが、根本的には、習熟の過程は、目的・課題の実現という人間を学習へ突き動かすエネルギーによって遂行される必要がある。第三に、習熟の過程は、獲得した知識を自らの「道具」や認識を構成する要素へと構造化するとともに、そういう認識や技術を使いこなし、発展させる身体構造の形成――その中心には脳の構造の発達、ニューロンのネットワークの形成、あるいは技術や技を使いこなせる身体的な能力の形成を含む――を促進する。第四に、学力の能動性、人格的な力への統合、いわゆる生きる力としての学力の構造の獲得は、目的・課題を解決し対処し、実現する力としてこの三層構造が統合的に働くことにおいて、実現される。そのとき、つくり出されるものは、表現であり、自己の主張であり、新しい主体的認識の獲得、自らの意識的な判断、決断、選択であり、あるいは新しい発見、作品、等々である。自らの学力についての自己評価が、この自己自身の課題・目的の達成との関係において成立する。第五に、このような学力についての自己評価の形成が、最も能動的な学習意欲の形成を可能にする。

この構図と比べると、日本の受験学力の歪みは、(1) 記憶主義的な形で第一の基礎知識の量を競い合い、(2) 機械的習熟は記憶や操作力の獲得のために重視されるが、本格的な思考力の形成を目的とした習熟が軽視され、(3) 表現・創造の層を働かせて、自分で分析し意見を表明し、作品を作り、自己の課題や目的に取り組んでいくという層が非常に弱いという性格が浮かび上がる。受験で評価される学力が、第一の層の知識の量と記憶の強化という機械的習熟部分に偏っているために、そういう力学を生み出しているのである。

さらに加えて、学習意欲の構造が大きく異なることになる。この構図で示した学力においては、学習意欲は目的・課題の側から動機付けられたものとなる。学習の意味もまた、この目的・課題の達成、解決として、そしてその意味では生きるための不可欠な行為として把握される。ところが受験学力においては、その学習意欲は、競争的学習意欲に大きく依拠するものとなる。具体的には競争の中でどのような学力順位を獲得するかが最大の目的となり、その競争に勝ち抜くための学習が意慾される。その結果、競争の磁場がなくなると、学習意欲も消え去ることになる。

私は歴史認識に関する学力の形成にとってその「仮説性」という性格が決定的なものであると考えている。そのことを述べてみよう。

(1) 歴史小説を読み、映画を見、個人体験を経るなどしてある歴史像を抱くことは普通であり、個人が歴史像を形成・獲得していく重要で不可欠な契機である。しかしそれと歴史学習とは異なっている。歴史学習は歴史学という科学の世界との出会いであり、科学の方法を習得することで自らの歴史認識、歴史像を形成する学びの過程である。

（２）しかし、学習内容としての歴史の体系的記述は、それが体系的記述たるには、先に述べた「仮説性」を持たざるを得ない。とすると、歴史記述（教科書も含み）は「仮説」としての性格において学ばれねばならないのであり、同時にまたその仮説を成立させている歴史論理や法則認識、歴史学の方法こそが歴史学の到達点として学ばれねばならない。

（３）仮説はあくまで一つの「仮説」として学ばれるべきものである。その「仮説」がそのままで学習者自身の歴史認識や歴史像として働くわけではない。学習者は主体的な歴史認識、歴史観を獲得するためには、習得した知識、習得した方法、そして自分の主体性や課題意識、経験等々を総合し、さらに歴史学の方法を習得して、自らの体系的歴史認識、歴史像を構成しなければならない。そしてそれは、彼自身の仮説として構成するほかない。

（４）その個人の歴史認識、歴史仮説が、単なる主観に止まるならば、それは歴史像、歴史観であるとしても学力とはいえない。それが学力として成立するためには、

①その構成要素としての知が歴史学の検証を経たものであること、

②歴史的事実や証拠を元に、それを体系的な歴史認識として構成する力――歴史分析の

方法論、歴史像形成の方法論——がそこに組み込まれ、実現されていること、③そのような歴史的事実や基礎的理解を土台としつつ、歴史の科学的方法論を行使して、科学的に検証可能な仮説性を持って自らの歴史認識、歴史像を構成できていること、という三つの要件が求められるだろう。この三つの要件は、先に示した学力の構造の三つの構成部分（要素）に対応している。

能動的に社会に関わり、参加し、生きる目的を意味化する歴史認識となるとき、その歴史認識、歴史像は、主体的な歴史認識となる。その意味で歴史像は、自分が生きることの意味を一つの体系的な「物語」として構成してくれる。重要なことはそういう「物語」をこの三つの要件をもった歴史「仮説」によって形成、獲得することのできる力が、歴史認識における学力となり、歴史学習の獲得目標となるということである。(注)

(注)この論文は最初、『歴史評論』二〇一二年九月号に掲載したものである。そこで私は次のように書いた。「再度断っておくが、ここでいう『仮説性』は、歴史学論争において確かな証拠、科学的論理を備え、それまでの歴史学説への科学的対抗性を備え、歴史学研究の一つの到達点として把握されるという位置にあるという意味であり、そういう資格を持って歴史学研究の一つの共有財産としての位置を占めるものであることを指しているのである。アジア・太平洋戦争が日本にとっての防衛戦争であり、正義の戦争であっ

たなどという主張がここでいう「仮説」としての資格を持ち得るとは私は考えていない。私は、そのような仮説性に必要な基本要件を獲得することが、歴史認識の学力の基本要件となると考えるのである。」

しかしこの点については、現段階では以下の趣旨を付け加える必要があると考えている。それは、先に本多公栄の学力論を検討した際に、本多が注意深く生徒の歴史認識の価値観部分については評価しないとしていたことと結びついている。確かに歴史学研究というレベルにおいては、アジア・太平洋戦争が侵略戦争でなかったというような歴史学説が、科学的な学説として成立する余地はないし、その意味では、公教育としての歴史学習の教科書的内容となるものではない。その意味で初出論文に書いた上記の趣旨はいまでも変わらない。しかし生徒の歴史観としてそういうものはありうるし、それがその生徒の主体的な歴史観である限り、多様な歴史観の一つとしての位置をもっている。もちろん歴史学習はそういう生徒に対しても、その生徒自身の歴史認識「仮説」が、科学的な仮説としての質を獲得するように働きかけることは必要であるとしても、その生徒固有の歴史観を理由に、その土台にある学力的な要素を否定してしまうようなことは間違いであり、避けなければならない。

（3）「仮説性」と加藤公明実践の論理

「仮説性」という捉え方は、歴史認識は教え込めるものではないということの根拠を明確にする。「仮説性」を獲得させることを歴史学習の核心的課題と位置づけたのが加藤公明の実践であった。加藤実践について私は以下のように述べてその構造を捉えようとした。

「研究が一定の整理されたかたちで成果としてまとめられた段階における帰納的推論と演繹的推論の成果を学ばせるという方法ではなく、研究者が最初に取り組む仮説的推論を立てることから取り組ませ、自らが立てたその仮説を検討、証明していくために不可欠な材料（証拠）として『事実』や『知識』を求めさせる。そこでは、教師や本から提供される知識や事実は、無条件で正しいものとして覚え受け入れるべきものではなく、自分の仮説にとって役に立つか立たないか、仮説を検証してくれるものか否定するものかという緊張関係を伴うものとなる。そこでは知識や事実と自分の考えとが絶えず対決しつつ出会うことになる。この生徒における仮説設定は、学習に当たっての既存の知識に対する批判的接収の主体性を生徒の中に形成する役割を持つのである。それなくしては歴史学の成果を学習するという行為は、絶対的に正しいものを受け入れるという方向へと向かいがちとなる。」（注5）

加藤実践の最大の特徴は、歴史研究者が「歴史的真実」を探究していくその方法論――仮説設定、帰納的推論、演繹的推論――の過程を、学習者としての生徒自身に遂行させるという方法である（注6）。そのことの意味は、次の点にある。

第一に、研究成果の伝達という方法では、なぜそう考えるのか、どういう証拠があるのかという推論の過程自体は吟味されず、「正しい」推論過程が「正解」として記憶されるに止まり、自らその推論の過程を探究的に歩む力が授業の獲得目標として設定されにくい。

第二に、研究成果の伝達という方法では、その成果を「正確」に記憶しその判断に従うことが正しい学習の態度と考えられやすいが、その成果自体が一つの「仮説」としての性格を併せ持っており、主体的な学習とは、それらの優れた研究到達点としての「仮説」に学びつつ、自らの「仮説」を立て、科学的検証に耐えるものに高め、自らの歴史像、歴史認識を獲得していくことである。すなわちここでは、学力の獲得とは、科学的検証に耐えうる自分自身の「仮説」構築として把握される。

第三に、加藤実践は、そういう「仮説」を、生徒同士を討論の場に立たせて、自説に他者の問いに対する応答責任性を背負わせることで、自覚的に検証させようとする。

第四に、このような形で生徒が自ら構築する「仮説」は、自らの経験や価値意識、既得の歴史認識等々の総合を土台として、ある歴史事象をどうとらえるかの生徒自身の主体的態度の構築を支えるものであり、それがなおかつ歴史学の方法による吟味に耐えうる科学的「仮説」としての要件をどれだけ備えることができるかに、学力としての客観性と主体性が統合されていると考えられる。

「仮説」の科学性の獲得を「学力」として把握しなければならないという着想は、故本多光栄のものだと私は考えている。本多は『僕らの太平洋戦争』で、それが「侵略戦争」であることは、歴史学の到達点にたった「歴史事実」「歴史評価」であると共に、もう一面では、生徒の自主的主体的な価値判断としての歴史観を獲得させなければならないとすれば、生徒にそれを「防衛戦争」と考える自由も保障しなければならないという難問に直面した。

この矛盾に直面して、教師は「客観的な知識」は「教えることができる」が、後者（価値観）については「育てることができる」だけであるという認識に到達した（注7）。『僕らの太平洋戦争』の実践では、この「自由な価値判断」としての歴史観という側面が、侵略戦争であるとすることへの異論を述べる親たちと生徒との論争というような形で本格的に問題化し、「教えること」の限界が出現する。やがてその問題は、生徒にとっては、教師や教科書の記述が正しいのか親が正しいのかという対抗を超えて、自分の主張にどれだけの説得性があるのかという問題として再把握されていく（注8）。

本多は必ずしも、その問題を、私のいうところの生徒の歴史認識、歴史像の科学的仮説性の問題として把握したわけではないが、生徒の思想形成の自由と歴史学の到達点の教育（伝達）とを共に譲れない課題として、その高度な統合の形を探究し続けたという点で、加藤公明の実践とつながる契機を含んでいたと考えるのである。

（４）歴史認識の主体性と「仮説性」を学力の核心と捉える

主体的な歴史学習とは、生起する歴史的事象を絶えず自らの主体的な世界像、歴史像と再統合しつつ、それを歴史科学的な吟味に耐えられるような科学性を持ったものへと質を高めていくことと捉えることができる。それは、同時に自己の生き方を、歴史学の方法によって吟味することである。重要なことは、その一人の人間の固有の行動や目的意識等を組み込んで構成される歴史認識・歴史像は、「仮説」としての性格を持つということである。

一般的にいえば、個々人の歴史認識は、歴史学的な検証とはほど遠い偏見を含んでいたとしても、一つの主体的な歴史認識として機能することはできる。では歴史学習とはそれに対していかなる働きかけをしうるのか、いかなる「学力」を獲得させうるのかが問われる。

歴史学習で教師が直面する困難の一つは、生徒の歴史認識が、親やマスコミの展開している「粗雑」で「偏見」に満ちた歴史観と結びついていて、時には授業で展開した教師の教育内容が、親から、あるいは大学では学生から批判され、あるいは攻撃されるというようなことにある。もしそのような「対立」を、教師が「正しい見解」「歴史的真実」を「偏見」を持った生徒や親や学生に「伝達」し「啓蒙する」という構図で対処するならば、この対立は収拾がつかないところへ展開するだろう。受験学力についての歴史教育は、まさにそのような「啓蒙」と「伝達」に則って行われてきたといえよう。しかし歴史教育の課題は、それとは異なり、各自が持っている主観的、一面的、あるいは経験主義的な——これらの形容詞は間違いだということを強調するためではなく、誰もがそういう歪みをもった歴史認識から出発せざるを得ないという意味を込めている——歴史認識を、基礎的知識や歴史学の方法に即してより科学的にし、歴史学の方法に基づいて一つの体系的な意味関連を持ったものへと組み替えること、それを支えることとして把握すべきだろう。

それは「偏見」や「誤謬」を持った生徒の歴史観を教師が正しい歴史観によって「正す」という性格ではなく、人間としての主体的価値観と深く結びついた——そういう意味では思想形成の自由、価値観の自由という人間の自由や人権と深く結びついた——歴史像を、それを構成している歴史的事実認識の科学化や歴史認識を構成していく歴史学の科学的方法の獲得によって、科学的な歴史論争の場（アリーナ）において他者と応答可能な形へ組み替えていくこととして把握できる。本多光栄が自らの教育実践において実現しようとした二つの課題——〝生徒の偏見に満ちた歴史観の組み替え〟と、〝生徒の思想形成の自由〟という二つの課題――が、そこでは新たな視点において統合される可能性が見えてくる。

参考までにイギリスのナショナルカリキュラムで設定されている歴史教育の到達目標を示しておこう。

ナショナルカリキュラムの歴史教育の到達目標「レベル8」（一九九五年段階）

「生徒は、詳細な事実に関する知識と理解を歴史の輪郭と関連付け、学習についての第三キーステージに示されたイギリスおよび他の諸国の歴史を理解する。彼らは、その理解をもとに、特定の時代や社会の特徴の間の関連を分析し、また事件や変化の理由や帰結を分析する。彼らは、異なった歴史的な解釈がどのようにして、何故、生み出されたのかを説明する。生徒は、批判的に情報資源を評価し、識別し、使用するために知識や理解を用い、探究の過程において、表現し始める。彼らは、自主的に、実証された結論に到達し始める。日付（年代・時代）と用語を適切に使用し、よく体系化された物語（narratives）、記述および説明を生み出すため、彼らは、関連情報を選択し、構成し、（考えを）展開する。」（レベル8は、中等教育の後半に対応する）（注9）

日本の学習指導要領が、「我が国及び世界の成り立ちや地域構成、今日の社会経済システム、様々な伝統や文化、宗教についての理解を通して、我が国の国土や歴史に対する愛情をはぐくみ、日本人としての自覚をもって国際社会で主体的に生き」る力を獲得させる(二〇〇八年「教育課程審議会答申」社会科部分)、とまずその歴史態度を強調し、そのために、「様々な資料の活用を重視し、地理的条件や世界の歴史と関連させながら、適切な主題を設定して追究する学習などを通して、我が国の歴史の展開を総合的に理解させ、伝統や文化の特色についての認識を深めさせて、歴史的思考力を培うことを一層重視する。」(同、日本史Bについての記述)、「客観的かつ公正な資料に基づいて、事実の正確な理解に導くようにするとともに、多面的・多角的に考察し公正に判断する能力を育成するようにする。」(学習指導要領、高校、日本史、下線はいずれも引用者)などと記述していることと大きな違いを見て取ることができる。日本のそれは、①日本に対する愛国心的態度の形成と、②「客観的かつ公正」な知識と判断力、との合成において歴史的主体性を獲得させようとしている。歴史認識の多様性、学説の多様性などは視野に入らず「愛国心的態度」を形成するための「正しい」歴史を教えるという形で、教える内容の絶対性を強調し、その一方で生徒自身の多様な歴史観の形成という視野は欠落している。

それに対して、イギリスのそれは、歴史認識の科学的、体系的、そして主体的、個性的認識の獲得それ自体のなかから歴史的主体性を育てようとしており、多様な歴史理解を視野においた上で、どう自分の歴史像、歴史理解を証拠や体系性、論理性を持ったものとして獲得させていくかが正面に据えられた規定になっている。

(5)　生きる力と学力の関係

「新しい学習指導要領は、子どもたちの現状をふまえ、『生きる力』を育むという理念のもと、知識や技能の習得とともに思考力・判断力・表現力などの育成を重視しています。／これからの教育は、『ゆとり』でも、『詰め込み』でもありません。／次代を担う子どもたちが、これからの社会において必要となる『生きる力』を身に付けてほしい。そのような思いで、新しい学習指導要領を定めました。」（文科省のホームページ上の新学習指導要領を紹介する文章、二〇一二年段階のもの）

二〇〇〇年改定の学習指導要領において、上記のような形で「生きる力」が強調された。その「生きる力」という内容について、次の二つの文脈において検討する必要がある。

第一は、その主体性が、新指導要領では、「態度」と「活用」として現れるという構造になっている。最も強調されるのは、先にも引用したように、日本の歴史や伝統を学ぶことを、ある歴史的態度の形成につなげるという考えである。したがってその歴史や伝統は、そのような態度を形成する内容でなければならないということになる。だから日本が侵略をしたなどという不名誉な「歴史」は隠すか美化しなければならないということになる。そしてこの能動的態度（愛国心的歴史観）と知識とがつながるとき、そこに知識の活用が生まれ、その活用を訓練することで、歴史主体として行動できる力を持った子どもや若者が成長していくということとなるのである。そのため、歴史教育の教材、教科書は国家的に点検、検閲された「正史」として――歴史認識の多様性のなかの一つの記述というような性格を排して――、疑う余地のないものとして作成され、子どもに記憶されねばならないものとなる。そこでは、歴史教育は「正しい」歴史認識、歴史観を「正しく」学ぶ場となってしまう。そしてそれは正解主義、受験の正解を覚える記憶主義的学習と構造的には一致することになる。

第二の文脈は、いわゆるＰＩＳＡ型学力との関係である。結論的にいえば、ＰＩＳＡ型学力論の独特の日本的受容のなかで、ＰＩＳＡ型学力論が持っていた一つの積極的要素すらもが切り捨てられたということを見ておく必要がある。ＰＩＳＡ型学力は独特の仕方で学力を「生きる力」として捉えようとした一つのモデルであると見ることができる。その核心は、三つのキー・コンピテンシーというとらえ方にある。それは①「自律的に活動する力（コンピテンシー）」、②「異質な集団で交流する力（コンピテンシー）」、

③「道具を相互作用的に用いる力（リテラシー）」の三つをキー・コンピテンシーとして把握し、生きることとをなり立たせるこの三つの要素が人格において統合される人間像を前提とした点にある。ＰＩＳＡ型テストとは、その中の唯一評価が数値化可能なリテラシーを学力としてテストして評定するというものである（注10）。すなわち、生きる力は、この三つの要素が人格の能動性として統合されて形成・発達するとし、その主体性、能動性――それは要するに、人間として主体的かつ他者とつながって生きる生活を子どもに保障するということに外ならない――の上にリテラシーという知識を使いこなす意欲と技が展開すると捉えているのである。その枠組みのなかでは、生きることそのものがリテラシーを強く欲求するという関係――学習意欲を引き起こすといっても良い――を人格のなかに作りだすということが不可欠となる。

ところが日本の場合、まさにこの〝目的を持って生きる能動性〟や、〝他者と繋がり社会に参加する〟という意欲や技が危機に瀕していることをそのままにして――土台となる二つのキー・コンピテンシーの欠落を放置したままで――、いわゆる「活用型」の知識を獲得させれば、そこから生きる力の全体構造、その上に形成される学力が発動してくると捉えていることである。しかも学力テストの試験問題を記憶型から応用型、活用型へ変えて、学力テストでこの「活用型知識」をハードルにした競争を強化すれば、そこから「活用型」の生きる力としての学力とその学力獲得への意欲とが立ち上がってくると考えたのである。

しかしこの構図では、学力から生きる力がわき起こってくるなどということは幻想に過ぎない。それで新指導要領は、新自由主義的な競争社会モデルに立って、「自己責任」に挑戦せよという新自由主義的競争意欲の引き出しという方法を一層強化すると共に、ナショナリズムによる意欲の喚起という、新自由主義の信奉する意欲の二つの源泉を一層意識的に活用型学力とドッキングする路線を採用したのである。しかしそれは生存権剥奪を自己責任の名の下に正当化する、まるで蟻地獄とセットになったイス取りゲームのような競争に子どもを曝すことで意欲を搾り取る戦略である。それは、多くの子どもが生きる意欲と展望、自分への信頼を奪われて、格差と貧困の中へ押し出されていくという事態に繋がる。結局そこでは「生きる力」は学力競争に勝ち抜くことができる学力にのみ与えられ、そういう学力を自己責任で身に着けなさいということなのである。みんなに生きられる学力を保障しようというわけではないのである。

歴史認識にかかわる学力が、科学的な「仮説性」を組み込むことは、それとは違って、生きることそのものに関わる構造を学力が獲得することを意味している。最初の学力の三角形の構図に即して述べるならば、歴史認識の学力が「表現・創造の層」において働くとき、自己の主体的な日的や行動、対峙する現実が、一つの歴史的な状況とそれに対する歴史的行為、歴史的選択として、仮説の形で統一的に意味化され意識化される。仮説を設定して自己の行為や目的を意味づけるという方法そのものが、生きることを科学の方法によって吟味し、その主体性と意識性を高めようとする「科学的」行為に他ならないのである。仮説の設定という形で歴史に関する学力を、生きることそのもの、生きる行為に対して適用できるということが、学力を生きる力として「応用」できるということの核心と捉えることができる。

上原専録が述べた「歴史化的認識の方法」「課題化的認識」の方法とは、自らの直面する課題や歴史状況を引き受けつつそれを意味づけることができる歴史認識の枠組みを厳密な科学的方法で探究することによって、その主体性と科学性の双方を新たな高みで統合させようとする方法ではなかったか（注11）。学力をそのような仮説の設定として展開できるようになるということは、上原のいう「課題化的認識」の方法を、生徒自身がその学力の構造に組み込むということではないだろうか。

(6) 応答責任性と公共性の知

仮説性を持った歴史認識の形成・獲得という学力の性格の把握は、公共的な知の形成という点でも大きな意味を持っている。そもそもあるテーマについて討論がなり立つということは、そのテーマについての各自の見解に応答可能性、応答責任性が組み込まれているということを必要とする。それは知が共同知として働くための不可欠の要件であろう。

加藤公明が、その教育実践において、生徒を討論させるのは、各自の仮説について、科学的証拠提示とその説明論理の体系性を組み込むことを求め、それを「討論」という場において他者の吟味にさらすためであろう。その授業の場は、討論における応答責任性を各自が背負い、その基盤の上で自説についても自己吟味することを求めるのである。主観的な見解を自ら科学的に吟味し、科学的仮説としての質を獲得するように課題を課すのである。別の言い方をするならば、歴史学の方法論に立った相互批判と検証が可能なルールの上に立って、自己の考えを構築することを求めるのである。そこでは個々人の「歴史観」や「歴史像」を教師が啓蒙的立場から、あるいは「試験官」的立場から矯正するのではなく、生徒を「討論」の場へと立たせることで、自説に他者に対する応答責任性を背負わせる形で、その科学的仮説性を自己吟味させ発展させようとしているのである。

そのような場において、知——歴史認識や歴史像——は公共的な性格を持つことを求められる。多様な歴史認識、歴史観がコミュニケーションの場における相互討論を介して吟味される。それは絶対者（教室では教師）の判定によってではなく、コミュニケーション的行為（注12）によって、一人ひとりが公共的な合意形成に参加する営みへと繋がっていく。高校までは教師という権威によってその認識の「正しさ」が判定され得たとしても――そして学力が評定され得たとしても――、社会に出たときに、その社会認識の「正しさ」の判定をする超越的な評価者はいない。そこでなお学力が意味あるものであるためには、その学力が社会的な論争空間に参加して力を発揮することができるという質を持たなければならない。それは学力が、社会的な歴史認識の水準を高める共同知としての性格を持つことでもある。応答責任性を持つということは、個々人の知や学力が、他者との間において働き、他者に影響を与え、そのことを通して共同知を作る力を持つことである。

その意味では学力は、他者との間で共通に承認し合った科学的規範の上で――すなわち公共的な場で――、応答責任を背負いつつ、共同的に歴史認識を形成することのできる力でなければならない。それはまさに、社会に参加して、ともに生きていくことのできる知的力量と捉えることができるのではないだろうか。

（注1）扶桑社版中学社会『新しい歴史教科書』の『教師用指導書』には、この教科書が「物語としての歴史」としてかかれ、「歴史を物語として語る」ためにいくつかの方針をとったことが説明されている。

（注2）上原専祿は歴史のそのような性格について次のように述べている。
『世界史というものは、認識および評価の主体との関わりなしに、それ自体で実存する一つの『もの』であるとしても、それが『世界史像』という形で意識される場合には、世界史は、つねに、認識および評価の具体的・経験的主体によって表象され、構想された一つの被造物に他ならないだろう。したがって世界史像としての世界史は、例外なしに主観的なものであるだけでなく、時には全く恣意的なもの、偶然的なものでさえもあるように見える。なぜなら、世界史を世界史像として表象してゆき、構想していく主体は、たんに認識者なのではなく、同時にさまざまな価値基準による評価者なのであるからであり、また、その主体は、具体的・経験的に存在している一人びとりの個人ですらもありうるからである。」『上原専録著作集第25巻、世界史認識の新課題』（「世界史の起点」一九六八年論文）

（注3）高橋哲哉『戦後責任論』（講談社、一九九九年）

（注4）佐貫浩『学力と新自由主義』（大月書店、二〇〇九年）参照。

（注5）佐貫浩「加藤実践の基本的特質と評価枠組」『新しい歴史教育のパラダイムを拓く――徹底分析　加藤公明「考える日本史」授業』（地歴社、二〇一二年）

（注6）加藤実践の特徴をそういう視角で明確に分析したものとして、宮原武夫「討論学習と認識の論理――加藤公明『15年戦争の授業』」（『歴史地理教育』一九九二年六月）参照。

（注7）佐貫浩『「自由主義史観」批判と平和教育の方法』新日本出版社、一九九九年、第8章を参照。本多光栄の考えには『教えることと育てること』（地歴社、一九七八年）参照。

（注8）本多光栄『僕らの太平洋戦争』（労働教育センター、一九八二年）参照。

（注9）イギリスのナショナルカリキュラム。"History in the National Curriculum"（Department of Education,London:HMSO, 一九九五年）

（注10）ドミニク・S・ライチェン、ローラ・H・サルガニク編著、立田慶裕監訳『キー・コンピテンシー』明石書店、二〇〇六年10頁。なお、PISAの学力調査は、国際学力テストシステムとして、先進国間の学力競争を組織し、グローバル資本の世界戦略に沿った人材形成の論理を各国に浸透させていく戦略的な意味を強くもったものとして展開している。特に日本においては文部科学省の悉皆学力調査と結合され、大きな矛盾を引き起こすものとなっている。

（注11）上原専祿、前出『上原専祿著作集第二五巻』の以下の文章を参照。

「『現在』の問題意識を出発点としつつ、それを手がかりにして、『過去』を形象化していき、形象化されたその『過去』を媒介して、あらためて『現在』を認識していく、こういう操作の反復が、『生活現実の歴史化的認識』と私が呼んできたものの作業内容の骨格であるわけです。」（50頁）」

「……そのような世界史像け、大衆が体験をとおして発見した諸系列の問題の生起、発展、現状についての動態的、構造的認識を大衆に与え、諸系列の問題相互間の関連、諸問題それぞれの位置および意味を明らかにし、そうすることによって諸問題の不可避的必然の観念と問題担当の主体としての責任感を大衆の間に呼び起こすと同時に、諸問題解決の萌芽と手がかりを示唆するような生きた歴史像でなければならない。」（542頁）

（注12）ユンゲル・ハーバーマスは、コミュニケーション的行為によって、コミュニケーションそれ自体が持つ規範性──「真理性」、「正当性」、「誠実性」という妥当性要求に応えることができる性格──を介

して、公共的な合意が形成され、真理探究が展開していくとした。『コミュニケーション的行為の理論（上・中・下）』（未来社、一九八六年）参照。

第7章　生徒の価値観形成の自由と教育の「中立性」

——歴史教育と歴史認識をめぐっての学生との対話から——

（一）はじめに——なぜ、「価値の自由」と「中立性」を問うのか

私の担当する授業「社会・公民科教育法」での講義と学生からの応答に基づいて、社会科の学習における生徒の価値観形成の自由と、教師の責務について考えてみたい。

なぜこの問題を扱うかという点には、以下のような課題意識が私にはある。

第一に、今までの社会科は、どうしても受験対策的側面が強い影響を与えており、テストに解答する「正解」を伝達するのが社会科の教師の仕事であるかに考え、またそう受け取ってきた学生が非常に多いという点である。そういう中では、教師にとっても、

教える内容はすでに「正解」として疑いないことで、誰が教えるにしても内容に大きな差など存在しないということになる。すなわち、生徒に教える知識の価値内容については、論争の余地なく、客観的なものとして確定されており、その到達点に「忠実」であればよいことになる。教師は、生徒の価値観形成に対しては、絶えず確定され、合意された客観的な内容を伝えることで、生徒の価値形成を左右する大きな影響を与えることはないという「安心」を得ることができる位置を占めることになる。仮に論争的な問題(たとえば、原発をどうするか、消費税をどうするかなどの問題)が出てきても、そこには「正解」がないのだから、教えることもないことになる。だから今問題になっている教育の「中立性」に関しても、教師は大きな責任を負うことがないということにもなる。しかしこれは本当にそうか、ということを問うてみたいと思う。十八歳選挙権の実現に伴う政治学習の必要性が強調されている中で、こういう学習観や教師の姿勢は克服の対象になっているというべきだろう。そしてそのときには、ただちに価値観の問題や「中立性問題」が切実な検討課題になる。

第二に、論争のある問題を扱うという課題に直面したとき、教師を目指す多くの学生は、その事態に対処する最も重要な授業の方法が、教師が「中立」という態度をとることであるという相当機械的な返答が返ってくる。しかし果たしてそうか。国民の真理探究の一環としての責務を負う教育において、教師は、何が正しいのかについて生徒と共に探求するという姿勢を貫くことが求められているのではないか。何が正しいのかわからないから「中立」という位置取りをするということが、ままあるのではないか。少なくとも生徒自身の真理探究を、中立の名の下に、途中で中断させてしまうことは許されない。生徒自身にとっての真理探究においては中立などという制約や制限があるはずがない。そのために教師はどういう責任を負っているのかを、検討する必要がある。

第三に、論争的な価値問題について中立でなければならないということ自体が、ほんとうに正しいのか。すなわち、もし論争があるから、両方の意見を紹介しなければならないということになれば、ほとんどあらゆる問題に論争があり、それらの事柄は、ほとんど相対化される。たとえば、アジア・太平洋戦争が侵略であったという考えは、いろいろ論争があるとはいえ、現在では基本的には教科書に記述されている内容である。しかし「防衛戦争であった」という説があるから、教師は、両方の説があるということを教えるというのが正しいとなるのだろうか。

第四に、実は私が、一番じれったいのは、「中立」という位置取りをするのは、学生が論争的な問題について自分の判断が持てないから、世の中にある対立的な考えを両方学習させておくのが一番無難だという安易な選択の結果ではないかと感じることが多いということである。もちろん、社会科の教師は、あらゆる社会的論争問題について、自分の結論を持たなければならないと言いたいわけではない。判断に迷うこともあるだろうし、判断に必要な資料や情報が不足していることもあるだろうし、また教師自身の考えが変わることもあるだろう。しかしその場合でも、この点を解明することで問題の本質が明らかになるという焦点に向けて物事を分析し探求していく視点を持たないままで、対立する見解を適当に拾ってきて紹介するだけでよいのか。その姿勢を「中立」という言葉で合理化するような態度は批判されるべきではないか。教師自身の真理探求においても「中立」ということはあり得ないのであって、本質の解明に向かうという姿勢が貫かれなければならない。

第五に、それらの検討を踏まえたうえで、非常に厳密に規定された要請として、なおかつ教師が取るべき「中立」という態度の意味を把握する必要があると考える。その厳密な規定に対する自覚なしに「中立」という言葉を拡散し拡大していろいろなところにあてがうことは避けなければならないと言いたいのである。そういう自覚的な思考を経由して中立という概念を使用しようとしているのか否か、それをこそ問わなければならないと思うのである。

(二) 本多公栄の授業論の構造への補足コメント

そのことを考えるための私の問題提起は、本著作の第４章に展開した本多公栄の授業論の枠組みである。ここでは重複を避けるために、再論をしない。しかし以下のような論点については補足しつつ学生との対話を進めた。

第一に、本多のいう「基礎的知識」を本当に「客観的」なものとして明確に確定することができるかという問題である。歴史に関して、一応確定された事実は無数にある。その無数の中から何が大切かということで、どれを選んでくるかという過程で、当然歴史観が大きく影響する。そもそも、歴史記述は――当然歴史教科書の記述も含んで――、歴史観なしには行い得ない。その意味では基礎的知識の内容自体が、一定の多様性をもっている。ここに多様な教科書が作成され、教師や住民による教科書選択などの仕組みが不可欠になるし、科学の世界で通説として確定された見解もある意味では「仮説」という過渡的な到達点でしかないという視点などが不可欠になる。すなわち「基礎的知識」とは、絶対的なものではなく、しかし何が歴史的真実であるかの探究の到達点としての成果、従ってそれを無視しては説得的な考えを作ることはできず、それと批判的に対決することでこそより新しい考えを説得的なものとして形成することができるハードルとして存在しているという性格においてとらえる必要があろう。

第二に、現実には主要な「基礎的知識」は、教科書として提供されていると考えることができる。しかしそこでは多くの場合、「絶対的な知識」、「正解」という性格を色濃く伴って生徒に提供されている。とするならば、それを今述べたような意味で相対化し、その内容を自分の主体的で自由な歴史観形成のための素材や資料として利用するということは、授業の中でそういう考えや方法を積極的、意識的に展開する中でしか実現されない。そのためには、教師は、必要に応じて、他の教科書記述との違いを示したり、通説批判の有力な批判仮説を紹介するなど、教科書内容の「絶対性」を打ち破る工夫を求められる。

第三に、本多のように「基礎的知識」を教師が最初に設定すること自体が、今日のような教え込み、知識詰め込み型学習空間の中では、生徒の自由な価値観形成を妨げるという主張がある。そういう点では、「教える教育」の領域で、教師の側から「基礎的知識」を提供するのではなく、「育てる教育」のプロセスで、生徒自身に必要な「基礎的知識」を、生徒自らによって探究、発見させるという方法を広げることこそ必要ではないかという主張がある。そしてそういうモデルにしたがって、討論授業を中心に開発している優れた教育者もいる（例えば加藤公明）。しかし私は実はこの両者の立場は絶対的に対立したものではないと考えている。なぜなら、後者の立場に立っても、教科書自体をなくするということを主張しているわけではないということがある。そして教科書の内容が「基礎的知識」を中心に記述されるということ自体は、否定できないだろう。またこの基礎的知識の可能な内容を、生徒自らが発見するような能動的な学習スタイルは、本多にとっても否定すべきものでは決してなかった。本多は、生徒達に、大使館回りをして、アジア・太平洋戦争で、アジア諸国でどれぐらいの死者が生まれたかを聴き取りさせている。そしてその結果、日本の侵略の結果、およそ千五百万人近い死者がアジアで生みだされていたという、当時としては新鮮なデータを生徒達がまとめることになったのである（本多公栄『僕らの太平洋戦争』参照）。さらに、討論を設定する授業の場合、教師はそのテーマやそのためのデータの選択には強力なイニシアティブを発揮しているのであり、どんな事実、知識、論争を取り上げるかについて、公教育内容に求められる正統性のための根拠が、教師の側で、「基礎的知識」や「通説」などに依拠して選択されているからである。

第四に、さらに補足するならば、本多自身は、生徒に侵略戦争であったとの認識を持って欲しいという考えをもっていた。それはこのような学習指導が、同時に朝鮮人差別の言動をする生徒への生活指導とも関係していたという背景もあった。そういう本多の意図が、本多の組んだ授業で実現する場合もあるだろう。しかし「基礎的知識」として歴史学の到達点と出会わせる授業――「侵略戦争」であったという認識を到達点として学ばせる授業――であったとしても、生徒はかならずしもその見解を受け入れない場合もある。歴史観形成の自由を保障した以上それは避けられない。その時教師はどうするか。本多は、それは教育の方法論がもつ本質的な結果――ある意味で「限界」ということもできる――として、そのことを受け入れるという態度――それはまた「断念」することということもできる――を取る必要があると考えたとみて良い。それは、生徒の価値観形成の自由、そして教育の方法に適用されるべき「中立性」の規範の当然の結果と把握するべきものであると思う。

(三) 生徒の価値の自由と「中立性」をめぐる学生との対話

およそ以上のような問題提起をした上で討論を行い、その後で学生の考えを二千字で書いてもらったり、また試験問題に、それに関する考えを記述してもらうような形を取ってきた。今それら全体を学生との「対話」と呼ぶことにする。

その対話から見えてきたことを以下に述べてみたい。学生のコメントをいくつか紹介しつつ、検討してみよう。

（1）教師の教育目的や方法における「意図性」と「中立性」

◇「教師はまず、教科書などで基礎的知識を教える。これは、人類が蓄積してきた普遍的価値・真実を継承していくうえで重要であり、授業の基本である。だが、これだけではただ一方的に事実を伝えるだけで、生徒の価値・思想形成をたすけ、社会的認識を深めることはできない。授業には基礎的知識を教えるだけでなく、その知識や生徒の生活意識などを組み立てて価値観や内的判断基準を形成するための訓練・援助・指導をする役割がある。そのために、教えた基礎的知識をもとに、社会的問題を考えさせ、議論・討論させるのである。本多公栄氏の実践では、教師は『朝鮮差別の意識を変えたい』という目標を定め、戦争についての基礎的知識を教え、実際に生徒に大使館へ訪問させたり、資料を読ませたりして考えさせた上で、改めて朝鮮差別や戦争について議論・討論させていた。このように、教師が授業をするにあたって、人類が蓄積してきた普遍的価値や憲法に即した何らかの目標を定め、その目標に向かって授業を展開するということは非常に大切である。目標を念頭に置き、基礎的知識を教え、さらに生徒主体で資料や調査から考えさせ、議論・討論させることで自分の意見を相手に伝え、相手の意見を検討する過程を通して生徒に自分の思想を形成する手助けをする、そして教師が定めた目標へと近づけていくということが授業の重要な役割であり、教師の責務であると思う。しかし、本多氏の実践では、教師が教え、議論・討論させて、最終的に生徒が獲得した思想・価値が、定めた目標に反したものであった場合、その生徒の思想・価値の自由を認めていた。これは生徒の価値・思想形成の自由を認めた民主主義的な教育であると思う。一回の授業で『朝鮮人差別の意識を変えたい』という目標に達することができなかった場合には、内容や方法を変えて数回授業を続けても良いが、最終的に生徒の価値観・思想が変わらなかったなら、それは生徒の価値形成の自由を認め、教師の考えを強制してはならない。そこで教師の考えに一致しない生徒を認めず、評価しなかったり、自分の考えを押し付けたりするのは生徒の思想の自由という民主主義的な権利を侵害し、生徒は自分の意見を主張できず、教師の意見に従う、教師の言うことを覚えればいいというような思想統制の授業となってしまう。」（二〇一五年度、I生）

この学生のコメントは、ある意味で私の授業をとても正確に把握したものである。私はあえて、本多さんは、朝鮮人差別の克服のために、なぜ朝鮮人差別が起こっているかの背景として日本の植民地支配の歴史を知って欲しいという「意図」にしたがって授業を組んだことを強調した。私は、日本の歴史をしっかり学んで日本の侵略戦争の歴史を生徒に知って欲しいと考える教師の教育（授業）の「意図性」は、決して否定されるべきものではないと思っている。教師はどういう授業を何のために行い、生徒にどのように考えてほしいかという意図的な方向性を持って教育を行う。それなしには教師は授業への情熱を持ち得ないだろう。しかしその「意図性」が、生徒の思想形成の自由、教師の意図と異なる考えを獲得する自由を制限するように働くならば、それは問題となる。確かに私は授業で、「朝鮮人差別の意識を変えたい」という意図を持って授業をし、それが成功しない時は内容や方法を変えて再度挑戦することもありうると述べ、それでも成功しない時は「断念」するとも述べた。おそらくそういう「意図性」という言い方に対して批判意識を抱く学生も多いと思う。この意図性と授業の目的とは同じではないというべきだろう。その教師の「意図性」は、そのままで授業の目標となるのではなく、公教育における授業の目的と方法――教育の本質――に従うことにおいて、教師の教育という仕事に取り組むエネルギーとして働くのだと思う。

◇「授業の際に教師自身の思想を生徒に話すことに関して、一向に問題はないと私は思う。むしろ、自分の見解をしっかりもっていたほうが、共感する生徒・反対意見をもつ立場の生徒ともに自身の考えに確信がもてて良いだろうとさえ思う。しかし、気をつけなくてはならないのは、あくまで自分の思想を相対的に〝紹介する〟のであって、押しつけてはいけないという点である。自分の思想を紹介するのと押しつけるのは、全く違う話である。このあたりが難しい点であると思われる。私の体験談になってしまうのだが、大学で日本史の授業を受けて強く印象に残ったのは、教授が『私はこう思うけれども』『私はこうは思わないけれども』という言葉を積極的に使っていることだった。そして決まって、『〜というふうに考える人もいる』『〜のような説もある』と他の説や立場の考えも紹介する。自分の見解を話す際に根拠を述べているのも、どのような視点から事象を捉えたら良いのかを学ぶのに非常に役立った。あまり歴史に詳しくない私でも、このように選択肢を与えられることによって考え方の幅も広がり、自分なりの意見を展開すること、すなわち自分の思想を形成することができた。この教授は、自身が歴史を研究する立場であるがゆえに、しっかりとした根拠を述べつつ持論を展開することができたのだろうが、それゆえに少々、他の説に対して批判的であるようにも感じた。しかしそれさえも、自分のとる立場から他の主張の穴を指摘しており、押しつけるというよりは思想形成のポイントを紹介されているかのような印象を受けた。大学の授業であるために少し極端な例になってしまったが、自分の立場を明らかにする方針を徹底することで、意見・思想の押しつけを防げるのではないか

と思う。」（二〇一四年度、M生）

◇「次に大事になるのは、生徒の答えに対して否定的な反応を見せないことである。これは、一つしか答えがない場合のことではなく、いろいろな答えが考えられる場合のことである。たとえば、社会の授業で原発の問題を扱い、生徒に『原発は必要か否か』という質問を出した場合、生徒によって『原発は危ないから必要ない』、『原発は環境にあまり害を与えないから必要だ』、というさまざまな意見が出てくるであろう。このような状況下で、教師が一方的な意見（ここでは原発が必要という意見とする）に対して、『原発は放射性廃棄物などの問題があるから環境には悪いのでは？』という反応をしてしまうと、『原発は環境に害を与えないから必要ない』という意見を出した生徒はもちろんのこと、原発は必要という意見を持った生徒全員に対しても、自由な意見を出すことを制限してしまうことになる。すなわち、教師の反応次第では、当事者の生徒はもちろんのこと、同じような意見を持った生徒の価値観をも否定してしまうことになってしまうのである。」（二〇一四年度、S生）

これらの視点は、大変多く出されてきた。これらも、大切な視点である。

（2）「中立性」のもう一つの把握の仕方について

実は「中立性」問題の把握において、私の講義のある死角というか、弱点というか、課題性をあらためて教えられる点があった。それは以下のような考えが、およそ二割強（全体は約五十人、したがって十数人）ではあるが、出されたことである。それは、二〇一五年度の期末のテストで、前もって三つのレポート課題を提出しておき、そこから私が二題を選んで、各千字の意見を書く「テスト」に書かれた考え方である。その問いは、「アジア・太平洋戦争については、侵略戦争ではなかったという意見もある中で、どのように、どういう内容を教えるのが良いと思いますか」というものであった。次のような記述があった。

◇「私は中立的な史実に基づいて、さまざまな視座と視点を取り扱うことが大切であると考える。……つまり公教育において、いかに歴史的史実の中立性、歪められていない事実だけをくみ取り、……いかに歴史という授業に興味を持ってもらい、意志を確立してもらうという教師の役割が責任であると考える。」(二〇一五年度、F生)

◇「侵略だったのか、そうではなかったのか決めつけるのは、最終的に学び手本人に任せるべきであり、授業では事実を教えなければならないと思う。公教育としての責任は、歴史の正しい学び方と事実を伝えることであり、多くの命を犠牲にする戦争について、多様な視点から捉え、自分なりに考えさせることだろう。」（二〇一五年度、O生）

◇「もし自分が教員として生徒に教えたいというときには、『侵略戦争であった』という考えと、『アジアを守る自衛戦争であった』という……両方の視点から、太平洋戦争をみることが、自分的には必要なことであると思う。しかしあくまで、公教育として、教師になれば指導要領に従わなければならない。日本は……侵略戦争をしたとなっているのであれば、自分は生徒達に日本は侵略戦争をしたひどい戦犯国であったと伝えるだろう。しかしあくまで最終的には、生徒自身が答えを導き出し、自身の納得のいくようにしてもらいたい。」（二〇一五年度、M生）

◇「私たちは、教育者として、生徒に白とか黒とかいってはならないと思います。つまり、『南京虐殺』はあったのだ、などと断定的なことはいってはならないということです。私が真に言いたいのは、そのようなテーマでは、歴史を正しく伝達するというよりも、歴史という情報の正しい取捨選択の仕方をおしえるべく扱うべきだと考えています。」（二〇一五年度、K生）

◇「アジア・太平洋戦争が侵略戦争であったとする思想と、そうでないとする思想があるとすると、この戦争が侵略か否かを判断するのは生徒自身でなければならない。もちろん教師は、確固たる思想を持っているのだろうが、それを生徒に押しつけるのは、好ましくない。あくまで侵略戦争かどうかの判断は、生徒に任せ、教師がしなければならないことは、生徒が判断するために、必要な情報をそろえてやることだ。その判断材料となる情報は、互いに偏ったものと、中立のものが必要だと考える。」（二〇一五年度、H生）

◇「アジア・太平洋戦争を侵略戦争であったと考えるか、アジア解放の戦争であったか、これらはその人の見方、考え方次第であろう。しかし教育者は、愛国心ある人材の育成を行うに当たって、日本が世界に残したすばらしい歴史を伝えるべきではないか。悪いことばかり聞かされては、自国への尊敬など芽生えない。」（二〇一五年度、K生）

これらの考えは色々なニュアンスを含んでいて、一概に否定されるべきものであるとは言えないかもしれない。色々工夫した表現の結果とみることもできる側面もある。またもちろん、こういう考えが出されるであろうことは、予想していないわけではなかった。しかし、このように書かれたものをみるとき、一定数の学生の考え中では、中立性という観念が二重に交錯しているという感じを抱いた。すなわち、学生自身において、アジア・太平洋戦争の性格については、それが侵略戦争であるのかそうでないのかは、本人自身が決めかねているという実態であり、したがってこの判断は学生自身にとって「中立」を選ぶほかない状態にあり、そしてそういう地点からすれば、自分が教師になったときは、そこで行う授業は、当然にも両方の意見を紹介して、どう考えるかは、生徒自身にゆだねるというスタンスのほか取りようがないという点である。そしてそういうスタンスから「中立」という立ち位置が選ばれているということができる。おそらく、若い教師においても共通した傾向があるのではないだろうか。そしてそういう教師の間では、文科省が強調しているような、論争問題で一方の考えを教えることは、「教育の政治的中立性を侵す」という批判に「納得」するという受け止めがあるのではないかと思うのである。

しかしそういう困難な状況を、たった四単位の社会・公民科教育法で対処しうるものではない。戦争の実態がどういうものであったかという探究だけで私の授業を組むわけにも行かない。せめて史学科の学生達は、歴史学の方法に立って、そういう問題を大学の専門の学習・研究の中で克服していってほしいと思うが、そういう歴史学習の機会がほとんどない普通の学生は、そういう歴史観形成の科学的な鍛錬の場を経ないまま、現場の教師になっていく。そういう意味では、公教育を通しての国民的な歴史認識の形成という問題は今大きな危機にあるといわざるを得ない。どうすべきか悩むところである。

（四）学生の皆さんへのメッセージ

そういう課題を考えつつ、私の最後のメッセージを学生に送った。そのメッセージを以下に紹介しておこう。

（1）今回、私は皆さんへの「挑発」を試みました。あえて本多さんは、「生徒の価値観を変えようとした」と言い切って皆さんに問題提起をしました。しかしより正確に言うならば、本多さんは、「朝鮮人差別」意識を持っている生徒の認識（本多さんはそれを「底辺認識」とも呼んでいます）に働きかけて、その差別意識を歴史教育をとおして改めさせたいと考えたのです。ところが、本多さんはそういうことをすると、それは生徒の価値観を教師の意図によって変えてしまうことになり、それは「生徒の思想形成の自由」を奪ってしまうことになるのではないかという問題に直面したのです。そこで本多さんはこの問題を両立させる授業の方法はないかと考え、苦闘したのです。

私の意図は、この矛盾を皆さんにも背負って考えてほしいということにありました。教師である以上、この矛盾に絶えず直面せざるを得ないということです。教師になり授業をするというエネルギーは、最も奥深いところでは、やはり真実を知らせたい、科学的な思考力を身につけさせたい、時代の主人公に子どもを育てたい、歴史的な課題に立ち向かえる人間になってほしい、等々にあるのではないでしょうか。しかしそれは教師自身がどういう歴史観や科学観、科学的認識を獲得するかに深く関わっています。そしてその自分の価値観をしっかり形成することを抜きにして、教育実践に向かうエネルギーなど生まれないのではないかと思うのです。

（２）そういうときに一つの視点は、自分の価値観を超えた「客観的な真実」に依拠するという方法です。本多さんはそれを「基礎的知識」に求めました。しかし「基礎的知識」はそれ自身が一定の客観的な質、あるいは学界（科学の世界）の到達点としての客観性を持っているにしても、いわば無限にあるそういう「事実」や「客観的知識」のなかのどれを持ってくるかという視点で見るとき、やはり教師の歴史観や価値観を反映せざるを得なくなります。そう考えると、実は「基礎的知識」に依拠するということは絶対的な「客観性」を保障してくれるものではなく、せいぜい自分の集めてきた「基礎的知識」が、少なくとも歴史学の到達点からみて間違いだといわれるものではなく、一つの説として学問的に成立するという保証を得るという程度の「客観性」を獲得するという限定的なものとなります。もちろん、だからといっても、その「限定的」な「客観性」が成立しているかどうかは「決定的」に重要だ――教師はその責任は背負わなければならない――という点は忘れてはならないと思います。本多さんは、その「基礎的知識」に依拠して教育をするという回路を通して、生徒の歴史認識に働きかけることができるのではないかと考えたのです。

（3）しかし「基礎的知識」自体が本当に依拠できるものであるのかが、再度問題になります。例えば私の授業で、「縄文と弥生時代」の「授業」をしました。あるいは「聖徳太子の時代」の「授業」をしました。私はあえて、「客観的知識」として与えられている教科書を分析対象にし、その弱点を突くという形で授業をしました（注）。それが可能だったのは、私の歴史観がこの教科書記述とは異なっており、教科書だけでは見えないものを見えるようにしなければ歴史のダイナミックな展開はとらえられないと考えた私（教師）の「意図」と「歴史観」があったからです。しかしはたして、私の「歴史観」や「意図」は、なぜ公教育にとって正当だと言えるのでしょうか。私は皆さんに私の「歴史観」で挑戦したのです。そして、私の歴史観のような見方があるということを伝える「授業」を組み立てたのです。もちろん、そういう歴史観を皆さんが承認することを要求したわけではありませんが、かなり「独特」な「価値観」を紹介することで、皆さんの歴史観を広げる「挑戦」をしたのです。なぜそれが許されるかというと、一応最近の歴史学の成果（歴史学の到達点）に依拠しているからだと説明することはできます。でも、ではどうしてそういう到達点が教科書に反映されていないのかという疑問が直ちに起こってきます。それは、単純化すれば、教科書の記述もまた、多くの弱点や歴史学からの遅れをたくさん持っているからです。歴史の教師として勉強を深めていけば行くほど、授業をする動機にはそういう批判意識が強まってこざるを得ないのです。その時やはり、教科書に依拠するという点は一定の土台にはなりますが、教師がその授業で与える知識の「客観性」「正当性」について、自分自身で責任を負うということが避けられなくなります。

（注）「縄文と弥生時代の授業」とは、中学や高校の教科書では、縄文時代がどういう理由で弥生時代へと変化していったのかについて、ここ二十年ほどの研究成果がほとんど取り入れられておらず、教科書を読む限りでは、大陸から伝わった米の生産を取り入れることで生活と社会の仕組みや文化が変化していった結果だという、ほとんど純粋な「内発的発展説」しか読み取れないという弱点を指摘し、気候変動説、新しい人種としての弥生人の登場説などを考えるという授業。「聖徳太子の時代」の授業とは、この時代が、各豪族が人民や土地や軍事力を持った豪族の連合政権的国家秩序の時代であり、蘇我氏が天皇家に背いた逆賊であるかの歴史イメージは、その後に確立された中央集権的古代天皇制政権が、自己の支配の正統性

を確立するための記紀神話によって作り出した意図的な歴史像であり、今日の教科書記述にもその影響が濃く反映しているということを考える授業のことを指している。

私が強調したいのは、そういう責任を自覚した上で授業を組み立てるとともに、だからこそ、「生徒の思想形成の自由」をどう保障しうるのかという問いを手放さないでほしいということです。

（4）かなり多くの方がこの本多さんの直面した「矛盾」を、生徒の判断に委ねるという方向で解決しようとしました。基本的に私もそれに賛成です。しかし、実は、完全に生徒の判断に委ねるということは、できないように思います。やはり教師の責任が残るのではないかということです。より正確な言い方をすれば、たとえディベートや討論授業をするとしても、その組み立てには教師の「意図性」を避けることはできないと思うのです。討論させる場合でも、どういう資料と出会わせるか、どういうところに調査に行かせるのか、どんな論点を最も重要な対立点として議論を展開させるのか、などの教師の「指導」が入ります。そもそも教科書をそのまま「客観的知識」（「基礎的知識」）として与えて良いのかということ自体、問題となります。教師は客観的な教育内容――ある言い方では教師の意図に関わらないという意味での中立的な内容――を教科書に依拠するということ自体が、自己の真理探究の責任の放棄となることすらあるのです。その責任を負うためには、教師の高度な科学的な批判能力が求められます。そういう自覚を持って授業に挑戦してほしいのです。

（５）もちろん、そうだとしても、授業に「相対化」と「多様性」を組み込むことは非常に重要で、これからの授業に欠かせない方法として大いに取り入れて下さい。具体的には、まず、絶えず授業のなかで、教師の考え、教科書の記述、通説すらもが変わる可能性があること、最終的な判断は生徒個々人の責任においてなすべきものであること、討論で異なった意見があることを印象づけること、承認できない対立意見であっても面白く、それに拠って自分が刺激され、自分の考えも深まっていくこと、等々の多様な経験を生徒がいっぱい味わえる授業を構想して下さい。

（６）最後にもう一度触れておきたいことがあります。あえて言いますが、それはアジア・太平洋戦争は「侵略戦争であった」ことを教える（伝える）かどうかということです。もちろん、アメリカと日本の戦争は帝国主義国同士の戦争としての性格があり、同時にファシズム対反ファシズムの戦いでもありました。しかしアジア・太平洋戦争の中心は日本のアジアへの侵略であり、二千万人のアジアの人々の命を日本の軍隊の不法な侵略で奪ったのです。日本に外国人が攻めてきて、その戦場でアジアの人たち二千万人が亡くなったのではなく、日本の軍隊がアジアの国々に入り込んで戦争をしたために、アジアの膨大な民衆がその国の中で亡くなったのです。それが侵略でなくてなんだというのでしょうか。それは歴史学の常識であり、通説です。したがって、私はそのことを伝えることが教育の責任だと考えています。もちろんそのことは、そういう「通説」を伝えることであって、それを信じなければならないこととして生徒に強制することではありません。それが「通説」であることを伝えるということです。そういう実証的に確定された事実（もちろん細部においては多くの不明な点をもっているのですが）を無視して自分の歴史観や主張を形成しても、説得性を持ちえないのです。その事実と正面から格闘して考えることが求められるのです。さらにまた、聞き取りなどの学習作業で、どんな加害や被害が生まれたのかを 調べさせることも、ぜひ進めてほしいと思うのです。あの戦争が侵略戦争でなかったなどという認識が科学的なものとして成立することなど、歴史学をキチンと学んだものからすればほとんどあり得ないことです。はたして日本社会は、あの侵略戦争を侵略戦争と認識する国民的な認識を形成しなくても良いのでしょうか。

（7）ひょっとするともはや日本の歴史認識の水準は、あの戦争が侵略戦争であったという地点に立って教育をすることができない——そういうことを国民が許容せず、また生徒もそういう認識を今まで聞いたこともない、変わった、偏った考えと受け止めてしまうほどになってしまった——時点へと後退してしまったのでしょうか。何が真実であったのかを、白紙に戻って、そこから出発するほかなくなっているのでしょうか。確かにそのように考えることはただ単なる「後退」なのではなく、生徒の自主的判断を生み出すためには、あえて教育方法としてそういうスタンスを取ることが求められているということはあるかもしれません。しかし教師もその位置へと後退してしまっているということではたして良いのでしょうか。そのことを、教師を目指す皆さんにはしっかり考えてほしいと思うのです。と言っても、それは、皆さん自身がそういう歴史認識を獲得しない限り、外からそれを押しつけることができるわけではありません。ですから、皆さん自身で、今どんな歴史認識を獲得すべきかを、教師としての責任と社会科学の研究者として誠実に探究し、そこから教師の仕事への責任と情熱を汲み取ってほしいのです。

（８）結論的に言えば、結局教師は、何が歴史的真実であり、科学的歴史観であるかについて、絶えず反省的に探究し続けていくこと、そしてそういう誠実性と自己反省性を絶えず鍛え高めて行くこと、その責任の上に教師は「基礎的知識」を自分の責任で選ぶという事から逃れ得ないこと、なおかつ自分の行っていることの「主観性」と「一面性」を自覚して、生徒にも自分の考えは一つのしかし「誠実」な例に過ぎないことを伝え続けていくほかないのではないかと思います。

皆さんが、公教育を担う教師の責任を意識して、教壇に立つときが来ることを心より期待しています。

第Ⅲ部　民主主義と自由

第８章　現代把握の困難性と歴史意識形成への教育の課題
――社会の透明化と主体性剝奪のメカニズムを打ち破る――

歴史意識はなぜ必要なのだろうか。そう考えた時に、いまワーキング・プアへの転落の危機にさらされている若者にとって、またいじめにあって、いわば未来のない、永遠に続くかに見える絶望の空間のなかに囚われている子どもにとって、その時間と空間を切り開くために不可欠な歴史認識、その時間と空間を組み替えることができるという見通しを持つことができる時間意識、歴史意識をどう獲得できるかが問われているのではないか。

それはあまりに歴史認識を個に引き寄せすぎだと思われるかもしれない。しかしいま、個にとっての歴史意識の形成の意味と必要性の側面から問題を分析することが求められている。

新自由主義は、そもそも歴史意識を剝奪する社会と個の関係様式を伴っている。だとすれば、それに対抗して、個において歴史意識の形成――いや、歴史意識の奪回というべきかもしれない――が立ち上がってくる諸条件、人格の存在様式を再構築するという領域に入り込んで、教育的な働きかけをつくり出す作業が求められているのではないか。

この小論では、まず、歴史意識の剝奪のメカニズムを検討することから始めよう。

(一) 社会の仕組みの「透明化」と政治への「無関心」

新自由主義の社会は、それ自体の仕組みを、そのなかに生きる人間にとっては不可視にさせるメカニズムを持っている。支配と被支配の関係があっても、それは市場における対等な自由競争関係の結果が、社会の構造として現れたものであるかのように見え、社会は自由と機会の平等に満たされたものとして把握される。したがって競争で敗北した弱者ゆえの悲惨や困難、矛盾の根源は、自分の力、学力のなさとして、自己責任として受容せざるをえなくなる。そして支配のメカニズムの分析や批判の目は閉じられてしまう。それを社会の仕組み、支配の透明化と呼んでおこう。

新自由主義社会は、学力、人事考課、能力主義等々の数値を介した評価の仕組み、格差や差別の根拠をその本人の欠点や力量不足の結果として、それを自己責任として受け入れさせる評価の仕組みを、多様に埋め込んでいる。その結果、新自由主義のメカニズムは、個人が有する能力やキャラの出来具合を反省させ、その改造を厳しく迫る意識の構造を絶えず生み出す。そしてその一方で、社会そのものが批判の対象となることを妨げる。

その論理は、社会のありようを最もダイナミックに直接的に規定する政治への無関心を引き起こす仕組みと一体のものとして存在している。ここでいう「政治への無関心」とは、通常の意味とは異なる。人が政治に無関心であるという意味ではなく、市場における政治的無関心こそが社会をつくり出し、それが最も効率的な社会秩序を生み出すという論理の下に、人々の意識において政治が後退するという「無関心」である。

その論理は、日本においては、戦後の高度成長期に起源を持つものであったとみる必要がある。高度成長期、人々は、政治の論理と経済の論理（市場の論理）の分裂という流れのなかに置かれる。安保闘争の政治的熱気が池田内閣の所得倍増政策によって吸収されていく過程がそれを象徴している。そして一九七〇年代から八〇年代にかけて、蓄えられた企業社会の支配力が、日々の経済行動と企業的価値が深く浸透した日常生活様式を通して社会のありようを深く規定し、その下で、人々が豊かさを求める方法は、政治的民主主義の方法よりも、経済世界での競争によってより有利な位置を占めることへと傾斜していった。多くの人々の社会的行動から政治の方法の価値が忘れられ、喪失されていったのである。

そのため、一九九〇年代の半ばに、国家権力が新自由主義化し、権力的な規制緩和と構造改革政治が展開したとき、それに対抗する下からの政治が立ち上がらず、人々は厳しくなった競争を有利にサバイバルする経済＝競争の方法で問題に対処しようとした。そのとき競争において有利な位置にあるものは、自己の既得権を確保することに関心を集中させた。たとえば正規雇用者によって組織された労働組合の多くは、非正規雇用の拡大に抵抗せず、弱者が大量に生み出される社会の不正義に対して、政治的対抗を共同して機敏に立ち上げることができなかった。そして日本社会は格差・貧困社会、自己責任社会へと変貌していったのである。

市場的公共性の論理は、社会意識そのものの意識的・公共的な形成の必要を否定する。個々人と個々の企業の欲望の解放こそが、社会がどうあるべきかを調整する市場の「見えざる手」を介して、最も効率的な仕組みと最適な社会の形態を生みだすとする。市場という競争場は、プリミティブな原初状態から超歴史的かつ効率的な社会秩序を立ち上げると見なされる。

経済世界においておこる人権の侵害や破壊に対して政治が介入すること（政治的規制）は非効率であり、自由な市場的競争の論理にゆだねるのが社会にとって望ましいとし、民主主義的合意の質を高めることで政治的な公共性を構築していく仕組みを解体し――武装解除というべきかもしれない――、規制緩和（「人権」もまた規制緩和される）、選択の自由、市場的自由が拡大されていった。現代を構成する社会的正義、社会的な価値、したがってまた日本国憲法の諸価値も、市場の論理とは異なる歴史的な闘争、政治の営みによって獲得されたものであることが忘れ去られていく。政治参加の道は閉ざされ、市場と経済の力が社会をつくり出していく。そして一九七〇年代以降、成長した資本の力が、企業社会と人々の生活に浸透し、「生活世界の植民地化」（ユンゲル・ハーバーマス）が進行する。そういう社会構造の転換による社会の仕組みの透明化と政治の回路の剝奪こそが、今日の新自由主義社会における政治への構造的無関心を生み出してきたといえないだろうか。

（二）現代とはどういう時代か

では、そういう新自由主義社会のなかにあって、求められる歴史意識とはどのようなものか（注1）。そのことを考えるために、私の感じている現代をとらえる歴史認識の枠組みについて述べてみよう。しかし最初に断っておくが、以下のような「歴史像」は、あまりに乱暴に過ぎるのかもしれない。にもかかわらず、少なくとも現代史像は、いま自分がどこにいて、どこからどこへ行こうとしている途上なのかについての、いま生きている個々人によって絶えず再構築されていく仮説として提示されるほかないものではないかとも思う。そのような「私の仮説」として述べてみる。

強大な力で今日の世界を改造している怪物がいる。それはグローバル資本である。それはつい昨日まで、世界のなかで最も強力な権力を掌握していると考えられてきた国民国家権力をも上回るほどの力を獲得するに至っている。その出自の一つは、ナオミ・クラインの『ショック・ドクトリン』（岩波書店、2011年）によって、ドラマチックに記述されている。ウルリッヒ・ベックも『ナショナリズムの超克』（NTT出版、二〇〇八年）で、グローバルな「世界経済（権力）」が、国民国家を手玉にとるほどの力を蓄えて、「国民国家」と「世界経済（権力）」の対抗が展開し、そこに彼のいう「サブ政治」「世界政治のメタゲーム」が展開している様相を解明しようとした（注2）。

私たちの世代の多くは、おそらく――賛成するにせよ、反対するにせよ――資本主義から社会主義へという歴史的変化を意識しつつ、現代を対象化してきた。またおそらく、世界をどう統一的に把握するかに関して、マルクス主義的な――あるいはそれに対抗する――理論枠組みを構築しつつ、試行錯誤してきたと思われる。そして経済的階級関係と政治における対抗関係を深い関連において把握することを通して、歴史発展をとらえる認識枠組みと現代社会把握の認識枠組みとを統一的に形成しようとしてきたように思われる。

人類は資本主義というものを「発明」して、その仕組みがもたらす驚異的な経済発展力の恩恵にあずかってきた。しかしその下で蓄積されていく巨大な富が資本家や個別企業に集積されることから起こる矛盾が、様々な社会的問題を引き起こしてきた。産業革命が起こったイギリスにおいてそれは労働者階級の貧困、失業、労働者階級の住む大都市の悲惨な状況などとして出現した。その矛盾の克服のために労働運動が起こり、やがて工場監督官（公務労働）が置かれ，国家的規制が資本に対してかけられるようになっていった。しかしさらに巨大化する資本はやがて国家独占資本主義という仕組みを作り、それは帝国主義を生みだし、二度にわたる世界大戦を引き起こし、六千万人を超える人間の命を奪った。そのような帝国主義戦争を防止することが世界史的な課題となり、第二次世界大戦の終結により、植民地獲得を目的とする国家間戦争が抑制される時代がようやく訪れた。資本に対する国民主権を介した規制――富の国民への再配分――は、ヨーロッパに高度な福祉国家の出現をもたらした。しかしこの時代は、一方では資本主義か社会主義かをめぐる東西冷戦に由来する新たな世界戦争の危機の時代となり、もう一方ではアメリカを中心とする新植民地主義と世界経済支配が展開した時代となった。そして一九八九年以降、ソ連・東欧の社会主義国家体制が崩壊すると、資本主義は文字どおり世界経済体制へと広がり、現在のグローバル時代が到来した。そしてグローバル資本の経済ネットワークが、個別国家をも支配するほどの力を獲得し、国家権力を再掌握し、自己利益追求のために思うままに個別国家の改造に乗り出した時代――それこそがまさに新自由主義国家の時代である――が展開している。そういう意味では、この二百数十年の歴史は、人類が発見した人間の欲望と創造力をかつてなく引き出すメカニズムである資本主義による世界の改変過程、人間の営みがこの資本の力によって引きだされ、方向付けられ、支配され、たびたび巨大な社会的危機を引き起こす事態の連続であったということができるかもしれない。

現代を、そのような資本の力とそれに対抗する力の二百数十年にわたるせめぎ合いの到達点として把握するほかない状況に私たちは置かれているのではないか。国民国家を超えた経済力とネットワークを持ったグローバル資本が、従来の国民主権に立つ国民国家による資本に対するコントロールを脱し、自らの利益追求のために、逆に国家を掌握するようになった新自由工義国家の時代が到来しているのである。（注３）

そのため、人権や労働権、生存権保障の水準が一挙に引き下げられ、競争の論理が社会の隅々にまで拡大し、貧困や格差にさらされる人々が増加し、しかもこれらは競争に敗北したもの自身の「自己責任」とされることになった。人類が呼び出した資本主義という強力な富を蓄積していくメカニズムの巨大化した力が、これまた人類が発明した議会制民主主義による国民主権の上に立つ国家――少なくともそれは歴史上最良の人類の良識を集約しうる仕組みというべきもの――の権力をも超えるという事態が到来しているのである。それは、国ごとの格差を伴ってではあれ、一国単位での人権や福祉の高度化、人間らしさと豊かさのナショナルな基準の連続的な前進として、人類と世界の未来を見通し、グローバルな環境や資源、貧困、地球の持続、平和問題などをも解決していくという、国民国家によって構成された世界モデルの崩壊というべき事態である。

しかし率直に言って、このような性急な歴史像、歴史叙述が教科書にすぐさま登場するとは――いまから二十年後ぐらいには、ありうるとしても――考えられない。そもそもこのような歴史把握は、独特の価値観に基づく特異なものかもしれない。しかしいま、若者は、非正規雇用やワーキング・プアにいつ陥るかわからないリスクにさらされ、それにどう対処すべきか把握できない状態に置かれている。目の前に立ちはだかっているグローバル資本の戦略を読み解くことなくして、自己の運命を主体的に切り拓きえない場に投げ出されているのである。おそらく戦後日本社会の歴史的転換点のただなかにあって、昨日と明日の違いをとらえることができる歴史認識が求められているのである。

だとすると、現代に求められている歴史意識は、公教育としての歴史教育で共通の教養を獲得させるという方法だけでは得ることができないのではないかとすら思われる。むしろ、それは個々人の生活意識、そこに基盤を置いて現代社会を意味化するという、現代を生きる人間がその現代をいかに把握するかという個人の側からの、現代を意識的主体的に生きるための仮説的歴史像の構築の営みとして――もちろんもう一方では、公教育における一定の共通教養としての歴史理解に支えられつつ――、獲得されるべきものではないかと思われる。

しかしそう考えたとき、今度は、個の側の意識、認識の構造の大きな困難が見えてくる。

(三) 現代認識と歴史認識――自己責任意識と社会責任の認識

私たち団塊の世代が生きてきた時代の、社会主義と資本主義が対抗しているという意識は、少なくとも資本主義という仕組みを自分たちの社会は選んでいるのだ――それに賛成するにせよ、反対するにせよ――という自覚を何らかの程度は伴っていたと思う。しかし現在の二十代の若者は、選択などありえないいわば絶対的な資本主義の世界支配のシステムのなかで、空気のように資本主義を受容しているのではないか。そして資本主義とは何かと問われても、先に見たような「透明化」と「無関心」によって、明確な像や認識を持てないままに、そのなかに生きさせられているのではないか。

矛盾もまた、社会が構造的に生み出すものとしてよりも、「リスク」としてとらえられる。「リスク」という認識には、自然にとか、突然とか、予想を超えて（想定外）とか、「偶発的に」とか、確率的に避けえないとかいったニュアンスが伴う。

トマス・ホッブズの社会契約説の設定した、歴史の始まりであるかのような原初状態（万人の万人に対する戦い）に、いまの若者は投げ出されている。しかもそこから社会契約がいっこうに立ち上がらず、自然状態における競争が永遠に繰り返されるかの世界に置かれているような感覚が、若者たちにはあるのではないか。そういう感覚は、子どもが経験している社会イメージにも近いのではないか。いじめに伴って暴力が蔓延し、また、「三秒間ルール」（携帯メールへの三秒以内での返答）などというような他者の携帯への「即レス」（即座のレスポンス）に神経を遣って心休まる暇のない関係性を生き抜くことに疲れている。そのなかで、正当な他者批判すら封じられ、自己の思いを表す表現の自由が奪われ、強者や周りに合わせて自分をいかに演出するかに脅迫的に神経を集中させている。孤立化と他者からの攻撃といったトラブルはその関係性を読み違えた自分の失敗であり、その関係性を生きるためのキャラ不足、その関係を支配できない自分の力の弱さ、すなわち「自己責任」として引き受けるほかないのである。そしてそこにはいっこうに正義としての社会契約は立ち上がらず、弱肉強食の世界が支配し続けている。自分の生きている「社会」に、人類が蓄積してきた人権や人間の尊厳という価値が組み込まれており、自分はその過去の人類の苦闘の成果に支えられて、今を、高い人権保障の土台の上に生きることができているのだという歴史感覚は、ほとんど持ちえない状態に置かれている。そして競争こそ正義とする新自由主義の社会言説が弱者をさらに絶望させる。繰り返される成功物語、サバイバル物語が語られ、各人にキャリア・デザインという自己責任を迫る課題が押しつけられる。

いっこうに批判の対象とされない社会と、絶えず問題の原因のありか——弱さの根源——として分析と内省にさらされる自己という対抗の構図が展開する。自己責任の論理は「困難を内閉化する抑圧」として働き、「抑圧された者たちを徹底的に無力にしていく思想的回路」として機能している。（注4）

ある高校生の手記を紹介しよう。

中学校のころの私は、何に対しても興味や関心がなく、授業にもついていけず、ただ学校に行っているだけでした。いつも暗いからか、成績が悪いからか、無愛想だからか、周りの人からはバカにされ、からかわれ、いじめられていました。教室に閉じ込められたこと、廊下を歩いているだけで避けられて、変なあだ名で呼ばれたこと……あげたらきりがありません。このころから私は少しでも目立たないように「大人しい」自分を演じていました。一大決心をしていじめを教師に訴えても何もしてくれませんでした。／勉強のことでもバカにされました。テストが返ってくると必ずと言っていいほど、点数を聞いてくる子がいたので、本当に苦痛だった。……先生に教えてもらおうと思っても職員室には入ってはいけなかった。クラスの子に教えてもらうのも「私はバカです」ということを証明するようで恥ずかしく、孤独な日々を送っていました。／勉強がわかるようになりたいと願っても、そのやる気を受け止めてくれる存在がないばかりに、わからないまま中学時代をすごしてきたことが悔しくてたまりません。／でも、この○○高校にはそのきっかけをつくってくれるものがたくさんあります。ＫＧノートや充実ノートなど、その日の授業を振り返ることができ、そのおかげで今まで全く興味のなかった過去のことや現在のことに少しずつ関心を持てるようになりました。また放課後の学習会に残って一緒に勉強することで、はじめて本当の友達ができました。もう「大人しい自分」を演じる必要はなくなったのです。／生徒会方針がなかったら、今みたいにやる気が出ることもなかったでしょう。ひょっとすると今の世の中に何の関心もないまま、権力者のいいように扱われる人形みたいな人間になっていたかもしれません。○○高校に来ていなければ、と考えると、恐ろしい気持ちになります。（後略）（「二〇〇八年、私立○○高校生徒会議案書」より。……は中略を示す。）

いまの若者や子どもたちは、大人になっていく過程で何度も「敗北」し、「『自分は失敗者だ』という感覚」（注5）をいくつも抱え込んでいく。高校生になるときには、もう抱えきれないほどの失敗者イメージをため込んで、自分の人生を呪って生きているのである。この高校では、まさにそのような深い抑圧のなかで体験してきた「失敗」と「無力」の経験を克服して、生徒が人間としての自分を回復することに教師も生徒会も全力をあげている。生徒会は、高校入学までに落ちこぼされてきたりいじめや不登校などの経験を持つ多くの生徒に、人間の誇りを取り戻すこと、互いに支え合うこと、自信を回復するための学びの喜びを取り戻す取り組みを呼びかけている。生徒同士でわからないところを教え合い、いままで経験してきた苦しい歩みを聞き合い、みんなが新しい学習の喜びを体験し発見できることを、授業や生徒会活動の中心目的としている。毎年発行される生徒会議案書には、それらの思いや経験、いま生きている現実などがつづられ、生徒自身による学習権宣言、人権宣言と呼ぶことができるものとなっている。

社会意識の回復には、孤独から脱して、つながりを回復することが欠かせない。新自由主義は、「不平等な現実を個人単位で引き受け、受忍するように方向づけ」るのであり、「自己責任イデオロギー」は「集団的で共有されうる困難や矛盾を、個人単位で、すなわち個体能力の枠内でしか扱わせないエートスの表現」なのである。ひとり一人を分断し、全ての困難を個に帰着させる「個体化の政治」に対抗する「社会文化」を起動させるつながりの回復が不可欠なのである（注６）。自分を徹底的に抑圧し孤立させる支配的な社会に対して、自分を受け入れ、支えてくれるつながり＝「ちいさな社会」との出会いと発見なしに、肯定的な自己イメージや社会イメージを抱くことはできない。そしてその「ちいさな社会」における人間回復の体験を通して、自分を閉じこめていた「社会」をも初めて対象化できるようになる。

(四) 生きている現在の「意味化」と歴史意識

そこが拓かれるとき、一挙に、社会が見えてくる。自己責任の呪縛を解くとき、社会(＝社会責任)を問う視野が解放されるのである。また、「ちいさな社会」をともに生きる体験を経るとき、自分に孤立と絶望を強制する社会に対抗する希望としての社会、希望としての他者を発見することも可能になる。社会批判と社会変革、それを担う連帯という視角で社会をとらえる意識が展開し始める。

同じ高校の生徒の二つの手記を紹介しよう。

派遣で働く母を見て、私も将来「ワーキングプア」にならないか心配

うちの家は、私が幼い頃から母が女手ひとつで姉と私を育ててきてくれました。母の今の仕事はオペレーターで、電話で保険の勧誘をしています。この仕事は歩合制になっていて、お客さんをとれば特別手当がつくのですが、めったにお客さんはとれません。毎日何百という人を相手に電話しているのに入ってくれる人は月に数人だそうです。勧誘というだけで「ガシャン!!」と切られることが多いらしく、辛

いだろうなと思います。それなのに母は「生活を少しでも楽にしたいからもうちょっと働く時間を長くしようかな」と言っています。／この仕事につくまでは、母は99ショップに野菜を納める会社に正社員として働いていました。しかしその会社は、時給が低いうえに残業代がなく、労働基準法を明らかに違反している上に、職場の雰囲気が最悪で、母は精神的に滅入ってしまい、仕事を続けることができなくなってしまいました。一度仕事を辞めるとなかなか再就職しづらく、「若い子から先に採用されるし、正社員になりたいけど今更どこも雇ってくれへん。」とよくこぼしていました。……／母は「進路はあんたのええようにしたらええ。がっぽり稼げるようになったら返してもらうからな〜。」って笑って言ってくれますが、そう言ってくれるのは嬉しい反面めちゃくちゃ申し訳ない気持ちです。だからしっかり働けるようになったら母に楽させてあげたいけど、今の社会で自分もちゃんと就職できるだろうかと不安になります。／会社はもうけるために正社員を減らして、いつでも首を切れる低賃金のパートや派遣を増やして、働いても働いても生活していけない、年収２００万もない「ワーキングプア」とよばれる人が増えていると聞きます。私も他人事ではありません。……男女の給料格差もあるし、「大企業だけがもうかればいいのか」っていう感じです。何か今の日本は、「労働」という喜びが失われつつある

んじゃないかと思います。（二〇〇七年度、同高校生徒会議案書）

中学のとき本当に自信のなかった私が高校で少しずつ変わることができた（三年）

……中学になり、勉強がどんどんわからなくなって、成績がどんどん落ちていき、自分の中でどうせやっても無理と諦めてしまった。……友達関係も、私自身がいじめる側の一人になってしまい、自己嫌悪に陥った。気がつくと、人付き合いが苦手で、何ごとも面倒だと感じ、意欲のない人間になってしまっていた。／高校に入学して、そんな私を変えてくれたのはやっぱり生徒会方針だった。……／一年の時、体育大会の色別学習会で先輩が私の横に座り、私の感想を真剣に読んで、教えてくれた。そのとき初めて一ページの感想が書けた。ノートが感想で埋まったときに、自分もこれだけの考えを持つことができたことに驚いたのを覚えている。そんな私も充実ノートに真剣に取り組めるようになったのは二年生の後半。充実ノートをしていると、歴史の一つひとつの事実に怒ったり悲しんだり疑問を持ったりするようになって、歴史に興味や疑問がもて、自分からやろうという気持ちが芽生えた。以前の自分から考えられないことだ。／現社で原発のことを勉強したとき、私は「安全神話」をつくりだした仕組みを知って仰天した。内橋克人という人がＮＨＫラジオで話した『安全神話はいかにつくられたか』によると、まず、東電や関電、三菱電機や東芝などでつくる電気事業連合会が、マスメディアに働きかけて「原発は危険だ」という報道をさせないようにする。……福島原発事故で原発の「安全神話」が崩れた今、この事実を知ってすごく腹が立った。……今、「何が安全でクリーンなんや」と怒りがわいてくる。今、いろんなことを知り、自分の考えが深めていくことが勉強なんだって思える。／私は今年初めて応援団に入った。……学校行事で楽しいなって思うのは本当に久しぶり。優勝もできたし、今まで口をきいたことのない子とも話ができるようになり、友達も増えて、私の人に対する見方が広がったと思う。……自分の考えが持てるようになったこともうれしい。（二〇一一年度、同高校生徒会議案書）

自分を回復する言葉を紡ぎ出すとき、主体性と自己肯定感の回復のプロセスに綯い合わされるようにして、生きられる「ちいさな社会」が拓かれ、さらにその背後にある歴史的な社会をとらえ、それを批判的に対象化できるようになる。個のなかに、このようなもうひとつの「社会」を立ち上げる作業なくしては、社会認識と歴史認識は起動しないのではないか。それは歴史教育という働きかけをその中の一環としつつも、より根源的な人間として生きるつながり（小さな社会）の回復と、生きている現実の意味化の営みとして遂行されるべき課題ではないだろうか。

あまりにも大量の価値を、商品として自由に市場から獲得できる時代、そして生存権すらをも「自己責任」の論理の下に商品として入手させられるしくみの下で、政治的協同の構築によって、人間として生きることができる富が生存権を支えるものとして全ての人に配分されるという社会的正義が見失われる危機にある。新自由主義はまさに自己責任の論理をまとって、そのような社会破壊を強行している。社会はどう作られてきたのかという原点に立ち返って、社会の歴史と人間の歴史をとらえなおす歴史認識、基礎的教養としての歴史像の再構築が、求められているのではないか。

(注1) 歴史意識は、非科学的なものも含んで、従って偏見も含んで、またマイケル・ポランニーの言う「暗黙知」というようなレベルの意識も含んで、その人の歴史を見る目を規定している意識を指し、歴史認識は、意識的な方法と、意識的に獲得されて知識等で構成された歴史についての見方や価値観としてとらえることができる。したがって、歴史学習は、歴史認識の形成、発達を通して歴史意識の形成に働きかける方法ととらえることができる。

(注2) ベックは、新たな社会の構造が、技術的経済的な発展と企業の戦略によって決定され生み出されるようになり、議会政治とは異なる政治的力として作用し国家の政治に対抗する力として働き始めることを「サブ政治」の形成と呼ぶ。そしてグローバル資本(「世界経済」)の「サブ政治」と「国民国家」の政

治と、さらには「グローバル市民社会」の政治とが新旧の政治規則の書き換えを伴いながら抗争する様相を「世界政治のメタゲーム」と呼ぶ。ウルリッヒ・ベック『ナショナリズムの超克』ＮＴＴ出版、二〇〇八年、第1章「コスモポリタン的意図の新たな批判理論」参照。

（注３）デビッド・ハーヴェイ『新自由主義―その歴史的展開と現在』渡部治監訳、作品社二〇〇七年、参照。彼は、新自由主義の権力の性格について、「剥き出しの階級権力の各国および国際的な……回復と再構築」（１６４頁）と述べている。またこの本の解説（「日本の新自由主義――ハーヴェイ『新自由主義』によせて」）で、渡辺治は、ハーヴェイが「新自由主義とは何よりイデオロギーではなく、グローバル企業の競争力の回復のため、それを妨害する既存の政治制度の全面的改変を目指す運動と体制であり、市場優位の制度を導入するために強力な国家介入をいとわないと定義してきた」（２９４頁）ことを指摘している。

（注４）中西新太郎『〈生きにくさ〉の根はどこにあるのか――格差社会と若者のいま』鍬谷書店、二〇〇七年、58―59頁。「被害を被っている側に『自分に責任がある』と感じさせてしまう、つまり困難を内閉化させる抑圧様式は日本社会にいたるところで蔓延しています。……これは、きわめて深い抑圧の姿です。」「このメカニズムが一般化している社会では、明白な被害を外部に明らかにし応答を問うこと、他者や社会に問題を投げ返すことが逆に理不尽な振る舞いのように見なされ非難されることにさえなります。」「抑圧された者たちを徹底的に無力にしていく思想的回路として、自己責任論をとらえる必要があります。」

（注５）豊泉周治『若者のための社会学――希望の足場をかける』はるか書房、二〇一〇年、１８４頁。

（注６）中西新太郎「第1章リアルな不平等と幻想の自由」竹内章郎、中西新太郎、後藤道夫、小池直人、吉崎祥司著『平等主義が福祉を救う　脱〈自己責任＝格差社会〉の理論』青木書店、二〇〇五年、41頁。

第9章　民主主義を考える

――声を上げる民主主義とは何か――

（一）個が思考の主体となる民主主義

（1）いまどんな民主主義が求められているのか

政治的価値としての民主主義は、国民主権という仕組みおいて実現されるものと把握して、間違いないだろう。そこでは民主主義は、多数決民主主義を重要な内容とする。

しかし多数決民主主義には、支配的多数者が、すなわち数的強者が勝ち抜き、正統性を獲得するというイメージがまとわりついている。だから、新自由主義社会が大量に生み出しつつある「弱者」や「敗北者」、「無関心者」を民主主義の空間から追い出し排除していく仕組みに鈍感なように思われる。

「自己責任」という意識は、困難に立脚して主体的に思考することからの退却を求める。自分の中にある弱点の結果として、自らが直面している困難をとらえる。だから困難が自己の弱さを計測する指標となってしまう。困難が多いほど、弱い人間として他者からも、自分自身にも認識されてしまう。しかし個が味わう多くの困難こそ、それを生み出す社会の根源を照らし出し、人々の公共的な議論を立ち上げる課題の現われとして把握されなければ、真の民主主義が実現されているとは言えない。すなわち、民主主義は、全ての人々を、とりわけ「弱者」の位置へと追いやられた人々の声を、人間の声として、人の願いや主張として顕在化し、公共化するものでなければならない。

(2) 民主主義の二つの側面

歴史を階級分裂という視点から見ると、支配者は少数で、しかし軍事力などの様々な権力を掌握し、その力で多数者である被支配階級を支配し、抑圧する。そこに民主主義という制度が組み込まれると、数的多数者は議会制の多数決民主主義により政治権力を掌握し、その意思や要求を実現する。このような民主主義理解は、それ自体として間違っているわけではない。それは、社会の被支配階級がいわば「革命」を実現する民主主義であり、しかもそれは平和的に政権を奪いとる方法であるからだ。私は学生の頃にそういう民主主義の意味づけと出会い、感激した。

しかし、本来の民主主義は、一人ひとりが、自由な思考によって自分の意思を表明する主体となることを含んだ概念であろう。それは統計学的な処理対象としての「1」という単位を担った存在として「平等」に個人を扱うこととは違う。形式的多数決では、その個がどんな状況に置かれていても、「1」として扱われる。しかし民主主義とは、その個がたんなる「1」を超えて、自らが置かれている社会状況をその個にしかできない仕方で反映し、思考し、意思表明し、社会を創る主体として登場することを含んでいなければならない。その意味で、議会制民主主義だけでは、形式的な「1」としての平等は実現するとしても、意思主体としての「個」が実現されているのかは必ずしも問われない。なぜか。それは、民主主義を眠り込ませる強力な仕組みが、この意思主体としての個を眠り込ませ、断念させるという戦略を強力に行使しているからである。

(3) 関係性と民主主義

第一に、私たちがその中にある他者との関係性が、個を抑圧する力学に満ちていて、個の思いを排除しているという問題がある。民主主義が、主権者としての個の形成を何よりも基礎的条件としているとすれば、他者との関係性それ自身が、民主主義という価値を実現しているか否かが問われる。

この問題を、ジュディス・ハーマンは、心的外傷（トラウマ）の治療問題として鮮明に展開した。ハーマンは、心的外傷が、表現を閉じさせ、その関係性の中に自己を登場させることとへの断念を生み出し、新しい自分を作り出す勇気、自己の感情や思考が、かけがえのない固有性を持つことの感覚を奪い、世界からの退去を強制するものであることを指摘している。（ジュディス・ハーマン『心的外傷と回復』中井久夫訳、みすず書房、一九九九年）

このハーマンの指摘する病理的空間力学が、現代社会に、深く、一般的性格として浸透してきている。いじめの空間もまた、まさにそのような表現抑圧、主体的な思考を抑圧し、全体への戦略的同調を強要する圧力を生み出している。

表現をシュリンクさせる空間の性格は、学校の教室も席巻している。子どもたちは小学校の高学年から自分の表現を過剰に意識し、その内容それ自体の価値ではなく、その表現が教室で自分の存在の安全を確保する上で戦略的に有効かどうかという視点から意識し始める。土井隆義の指摘する「優しさの技法」（土井隆義『個性を煽られる子どもたち』岩波ブックレット、二〇〇四年）へと自己表現の意味と方法が変質する。

このような表現抑圧のヒドゥン・カリキュラムの働く場で、いくら民主主義を強調しても、それはほとんどの場合、形式的な多数決民主主義の理解を引き出すに止まってしまう。そして自分たちの生きている空間が、表現の自由を剥奪する権力性を帯びた関係性に侵されていること、これとたたかう意識性——事態の深刻さ、そのことによる苦しみの大きさ、権利が回復されるべきこと、そのためにどうしたらよいのかを考えること——が全く自覚されず、喚起されないままとなる。その場で、現代社会は民主主義社会であると説教されても、自分にとって価値ある民主主義を発見することは困難だろう。

(4) 教育の民主主義の不足

第二に、学びと民主主義の関係があるべき形をとっていない。学習が民主主義を支える、あるいは民主主義は学びによってくっきりと個に自覚されるという性格が、現代の「勉強」という学びからは、ほとんど剥奪されている。その問題を考えるために、ユネスコの「学習権宣言」に立ち返っておこう。

一九八五年ユネスコ「学習権宣言」は、学習権を「自分自身の世界を読みとり、歴史をつづる権利」と規定し、「人間の生存にとって不可欠な手段」であり、「もし、世界の人々が、食料の生産やその他の基本的な人間の欲求が満たされることを望むならば、世界の人々は学習権をもたなければならない」、「もし、私たちが戦争を避けようとするなら、平和に生きることを学び、お互いに理解し合うことを学ばねばならない」、「学習活動は、あらゆる教育活動の中心に位置づけられ、人々を、なりゆきまかせの客体から、自らの歴史をつくる主体にかえていくものである」、と規定していた。

留意すべきは、この権利としての学習は、主権者になるために必要な学習――その学習をしなければ主権者としての資格を持てないもの――ではなく、主権者としての位置にあることによって喚起される学習だという点にある。すなわち、民主主義の欠落が本来の学びの立ち上げを阻止していることとして把握すべき問題である。その関係の中では、民主主義を教える教育の不足ではなく、切実に求めている「学習」から学習者が切り離されていることが問題なのである。そのことは、教育における民主主義思想の欠落、不足を意味している。

民主主義がその個に保障されているとは、その人間、子どもが、自己の思考を通して自ら判断し表現する主体として登場する関係性のなかに置かれていることなのである。民主主義は、その個が、自分の生活の現実に立脚し、身体や感情が本来もっている人間的感応力を働かせて、主体的に思考することができる関係性を保障するものでなければならない。だから民主主義は、主体的学習の最も基本的な条件であるとともに、学習は、真に自己に依拠して思考する人間を育てるという性格において、民主主義を生みだすのである。十八歳選挙権の時代に求められるのは、民主主義とは何かという講義であるよりもまず、このような民主主義を個が生きる関係性の中に立ち上げることなのである。

（5）今日の民主主義をめぐる対抗の歴史的性格

新自由主義化の中での民主主義の危機は、ある種の必然性をもつ。民主主義は何よりも国民主権制度のもとで確立された政治の原則である。しかし経済システムは資本主義であり、資本は、民主主義を本質とはしない。政治の世界の民主主義と経済世界の資本の自由は、常に対抗してきた。人権と生存権実現のために、主権政治の民主主義による資本への統制が各種の「規制」として実現されてきた。労働時間の制限、最低賃金保障、解雇の自由の制限、各種の雇用差別の禁止、福祉の拡充、等々。

ところが、資本は、グローバル競争に勝ち抜くために、この国民国家の主権政治への強力な反撃を開始した。グローバルな経済世界における各種の政治力を巧みに操作しつつ、国民国家単位に蓄積してきた人権と民主主義の水準、憲法的正義の水準を「規制緩和」によって切り下げ、「企業が一番活動しやすい国」を作り出す国家、すなわち新自由主義国家を世界各地に出現させた。

日本における立憲主義の危機、生存権の危機、そして民主主義の危機は、安倍内閣によって推進されている現代の新自由主義の必然的な帰結というべきものである。現代の民主主義は、グローバル資本による民主主義破壊、世界的な人権破壊、雇用破壊、社会破壊、地球破壊といかに対抗するかという新た質を獲得すべき段階にある。

（二）日本社会と教育の新しい物語を描く
――人間を回復する表現と民主主義――

二〇一六年夏の教育科学研究会板橋大会のテーマを議論し合うなかで、私たちは「ほんとはこんな教育・こんな世界にしてみたい」という思いにたどり着いた。この案が出されたとき、そう、いま私たちが演じさせられている物語ではなく、別の、人間としての願いに立った、私はこれを生きたいという自由な物語を紡ぎ出したいと、沸いた。

今、私たちは、過酷な競争空間で生き抜く「人間力」を試され、失敗すれば社会の底辺へ押しやられ、それは力不足の自己責任にされ、自己の思いを封じられてしまう。自分のものでない物語を生きさせられる窒息感で、数百万年の人類史をかけてつくられ、体のなかでうずいている人間的本質が、反乱を起こすのではないかとすら感じてしまう。

(1) 新自由主義の支配と「生政治」

資本への「規制」を伴って主権政治によって実現 されてきた民主主義や人権や労働権の高い水準が、グローバルな経済競争における決定的な障害として認識される事態が出現した。巨大化したグローバル資本が、自らの世界競争戦略から、従来の国民主権権力が推進してきた民主主義を障害としてとらえ、その水準を引き下げようとする。その圧力で、国家権力それ自体を、国民主権政治の成果としての人権や民主主義の水準の切り下げに向かわせる国家の新自由主義化が展開し、民主主義の危機、歴史を逆転させる憲法改正への衝動が生まれる。

新自由主義の統治方法を、ミシェル・フーコーは生政治と指摘した。それは、グローバル資本の利潤を最大化する規範を人びとの生活や仕事にあてがい、人びとがその規範に従って日常の日々を生き、また自らの労働力をそのような資本の競争の担い手として高める人的資本形成競争へ向かわせ、グローバル競争社会に自ら参加して生き抜こうとする「主体」への自己形成を国民自身に競わせるための生きる環境を作り出す「統治技術」のことである。市場への不介入という出発点の古典的自由主義の原理は、競争をつくり出し、そのなかで競争の主体として生きる人間をつくり出す主体化の環境管理として、社会と人間の「生」の全面的な管理へと展開する。その結果、自分の学力（労働能力）という「資本」から最大の利潤を引き出せるように、自分に最大の教育投資を行うホモ・エコノミクス（経済人）が生みだされる。それはまさに学力競争に多大な私財を注ぎ込む現代日本の家族の姿そのものを言い当てている。

「生政治」は、人間が生きる生活と仕事の全過程――生命を生きようとするその全過程――に、資本の利潤の最大化という視点から管理、監視するための評価を埋め込む。ＰＤＣＡ（plan-do-check-action）やスタンダードシステムは、この管理された環境の中に組み込まれた評価尺度に合わせて生き抜くことを強制する仕組みにほかならない。この管理された「生」の空間から脱出しようとするものには、排除と孤立化――ＰＤＣＡに組み込まれた人々からの横からの非難を伴う――、生きる場そのものの剥奪が襲いかかる。（フーコー『生政治の誕生』慎改康之訳、筑摩書房、二〇〇八年、参照）

このＰＤＣＡは、評価と賞罰に依拠した権力として機能する。民主主義は、自分の自由な意志に依拠し、創造的、主体的に思考し、その関係性が保障された中で生きる対等な個人によって社会的選択と意思決定がおこなわれる方法だとすれば、「生政治」はまさに生きる空間において、人々から民主主義を剥奪する。人々は、働き、学び、生活する全過程において、自己の意思を抑圧され、環境の規範に従って生きることを強制される。教育においては、教育目標の教育行政からの押しつけ、目標管理システム、教員に対する人事考課、子どもへの学力テスト、等々。「生政治」は、フーコーがかつて一望監視システム（パノプティコン）ととらえた近代国家の監視とは異なり、そこから逃れようとするものに「生」そのものの剥奪、社会からの排除と孤立化をもたらす。

民主主義は、自分の自由な意思を表明し、創造的、主体的に思考し、その関係性の保障のなかで生きる対等な個人によって社会的選択と意思決定が行われる方法だとすれば、「生政治」は生きる空間において人々から人間としての意思と表現を奪い、主体性と民主主義を奪う。人々は、働き、学び、生活する全過程で、自己の意思と目的を奪われ、環境の規範に従って生きることを強制される。生きる場から人間としての真性の声をあげること、身体にまで浸透した拘束と支配を疑い、疑問の声を発することが、抵抗の一歩となる。この声が、孤立化によって「自己責任」の檻に閉じ込められていた「弱者」としての思いを互いに引きだし、自分の感覚に依拠して声を発し、考え、世界を理解して良いのだという主体性の土台を自分の中に奪い返し、民主主義の主体を立ち上げる。「声をあげる民主主義」は、新自由主義による人間性の破壊への最も広範なたたかいのフロンティアを形成する。

（２）資本による人間の存在の収奪

このような新自由主義の論理の支配するシステムのなかで、人間の価値を計測するかに肥大化した学力評価が、教育の仕事をゆがめ、破壊する。

いま、教育の場に、グローバル人材形成の課題が突きつけられている。それは単に優れた科学技術開発や管理能力の育成にとどまらず、トップから底辺にいたる世界の労働力をいかに配置し利用するか、そのために人々をいかに競争的な自己形成に向かわせるかというグローバル資本の利潤獲得戦略の一環である。学力（コンピテンシー）という概念が、そのための目標管理指標とされている。

エーリッヒ・フロムは、人間のありように関して、〈to be ＝存在すること〉と〈to have ＝所有すること〉という二つの様式の違いを論じ、基本とされるべきbe の様式が、have の様式に置き換えられることに、資本主義の人間疎外の基本的特質をとらえようとした。フロムは、人間存在の意味は、存在すること(be)それ自身に依拠していると考えた。そして、所有するもの（have ＝能力や生きるための道具や一定の富など）がその存在を実現する道具として直接働いているとき、そのhave は、存在の側から価値あるものとしてとらえられるとした。個性とは存在の固有性としてこそ実現されるものである。他者に勝る力（学力＝ have）が個性であるとする現代の歪められた個性概念、だから能力・学力競争に勝つことが個性の証しだとする論理、すなわち have を基本とする様式にたつ個性概念は、資本の利潤の観点から人間の所有物（have）を選別し、格差づけ、安価に利用しようとする視点の産物に他ならない。

その背景には、グローバル資本の剰余価値戦略によって格差化された雇用のしくみがある。賃金格差、非正規雇用、雇用責任を逃れるための派遣制度の拡大、生存権実現水準以下への賃金の切り下げ、利潤の少ない産業分野や地域からの資本の撤退による労働の場の剥奪、等々。その戦略で生み出された雇用の格差は、学力や能力の差、個人の自己責任として正当化されてしまう。

教育はそういう学力差を顕在化させ、競わせる場へとゆがめられている。そこでの「学力向上」策は、個人のサバイバル戦略たりえても、今日の学力問題の本質的な解決にはまったくつながらない。個のなかに結晶した人間的な力（have）が、エーリッヒ・フロムのいう人間存在（be）それ自身の実現過程としての積極的な「人間的情熱」（愛、創造、自主性、共同等々）のなかで燃焼するのではなく、強大な支配力をもつにいたったグローバル資本の利欲を実現する手段として酷使され、収奪され、資本の力に吸収・転化され、be から切り離される。資本にとって価値ある have をもたない be は無慈悲に切り捨てられ排除される。be そのものの価値には、グローバル資本はまったく関心をもたない。

さらに、学力や能力は、客観的な諸能力を超えて、性格やコミュニケーション力、表情や他人に与える印象などにも拡張される。労働者は感情や意欲や「好感度」という能力、「生きる力」、人格の核心を構成する意欲や価値意識をも資本の要求に応じて演じ、それらを「所有」していることを証明しなければならなくなる。人間の人格や存在自身（be）が所有の様式によって意味づけられていく。

そのために、人間の人格をトータルに把握し管理し「育成」する方法が教育にもち込まれつつある。道徳の教科化、学力規定の試行錯誤、アクティブ・ラーニングをはじめとする学習論の提起、人格そのものを監理する「関心・意欲・態度」評価等々。「生政治」の方法としてのPDCAは、その目標追求の熱意と創造性をも求める。心ここにあらずというような中途半端な身の入れようをも見抜き、叱責し、懲罰をも与える。ゼロトレランスはもっとも粗野に、人間の人格的意思を断念させる行動規制をかけて隷属させ、人間行動を操作する支配の手法である。それらは、人格がその内的規範や意欲に応じてとる行動の特質をルーブリック（評価基準表）にカタログ化し、それに従って内面や意欲をも評価し、賞罰を与え、方向づける手法である。しかしそこには根本的な矛盾、人間存在それ自身の価値とその尊厳の否定が組み込まれている。

（3）人間の生と尊厳の回復と民主主義

その点からみれば、人間存在の価値、個によって意識され実感された自らの人間としての尊厳の感覚が何よりも基本的な教育価値とされる必要がある。なぜならば、学ぶ意味やその学習の結果として獲得された能力を自己の存在（be）を支えるものとして統合するその核となるものは、まさに尊厳の感覚を持った人格そのものをおいては存在しないからである。それなくして、学習の意味、学習によって獲得される能力や学力（heve）の意味づけを個の側から成し遂げることはできない。それに失敗し、あるいは妨げられるとき、学習の意味は競争のなかでの順位獲得としてしか把握できなくなる。

しかしいま、人間の尊厳の感覚を封じ込める種々の手法が、あからさまに行使されようとしている。教育の中立性は、本来権力が教育の世界の価値に対して関与しないという意味であるにもかかわらず、現実の国家政治や社会のしくみへの批判や疑問を教育の場から排除する統制規範として、教育現場を拘束しようとしている。さいたま市の公民館だよりへの「九条俳句」の掲載を拒否するような、市民の願いを自治体の公共の場から排除しようとする動きが、広がりつつある。マスコミも、真実を報道する責務が、報道の「中立」を求めるという政権党からの圧力で、攻撃にさらされつつある。人間としての思いを公共化する表現の自由を封じ込める包囲網が、社会全体にかぶせられようとしている。

だからこそ、身体にまで浸透した拘束と支配を疑い、生きる場から疑問の声を発し、人間としての真性の声を上げることが、抵抗の一歩となる。この声が、孤立によって「自己責任」の檻に閉じ込められていた「弱者」としての思いを互いに引き出し合い、自分の感覚に依拠して声を発し、世界を解釈していいのだという新たな主体性の土台を自分のなかに奪い返す。「声を上げる民主主義」は、新自由主義による人間性の破壊へのもっとも広範なたたかいのフロンティアを形成し、自らの行為を、なんのために実践するのかをめぐる価値と目的の回復戦を立ち上げる。

個が自らの人間的な感情や感覚を回復し、そこに立脚して人間としての声を上げることと、人間的であることを互いに共感し合い励まし合える関係を生きる場に回復すること、そしてその関係のうえに人々が働き生活していくことができるシステム（すなわち新しい社会）を構想していきたい。ラジカルな民主主義は、そのための方法となるに違いない。

（4）主体化の方法としての表現

真の表現とは、人格の再統合の意識的なプロセスである。自らの内的な感覚や価値の意識、目的や意欲、世界に対する能動性を編み直し、それを言語に対象化し、他者＝世界のなかに押し出す行為である。その意味では、表現は、他者＝世界に、割り込む行為である。人はそのとき、二様の選択のなかで葛藤する。既存の力学に支配され、規範を示す空間に自己を従属させるのか、その秩序に対抗し、それをつくり替えるいわば「介入者」「変革者」としての自分を勇気をもって創造し表現するのか。

新自由主義は、競争の規範を生きさせる統治技術に依拠して、支配的な規範のなかで勝ち抜いていくことができる「生きる力」をもった強者となることを競わせる。それに違和感をもつ人々の感覚を封じ、負い目を負わせ、弱者の位置に追いやり、自分の思いに立脚した表現による主体化を阻止しようとする。民主主義は、そういうなかで、葛藤を勇気ある表現へと展開させる関係性でなければならない。他者の思いを自分の思いと同じように深く想像する力量によって、現代社会が人々を支配するために押しつける弱さの感覚を、逆に人間的共感を寄せ合う契機へと転換するのである。そこから主体性を紡ぎ出す勇気が生み出される。人間存在（be）が発する魂の声を共鳴させ、そこに依拠して社会のシステムを創造することへ向けて、人々を勇気づける民主主義を日本社会に築きたい。

教育実践もまた、弱さを押しつけられた子どもたちのなかに、自分の存在のかけがえなさの感覚と人間として生きる目的と価値を立ち上げる営みでなければならない。声を上げる民主主義を教育の場に回復すること、教師が人間と教育を貫く価値とは何かを探究し合う声を回復することは、もう一度教育の仕事を、教育実践として、すなわち教師の情熱と専門性をかけた、子どもの尊厳の回復のための創造的挑戦として取り返す出発点に立つことである。

（5）人間を生きさせる社会の探究を

資本の利潤獲得戦略により、人々が安心して生き働く場が奪われつつある。地域における経済的価値の持続的循環、自然との共生、すべての人間が生きられる労働の場と価値配分システムの回復という原点に立ち戻って新しいしくみをつくり出すことが、切実な課題として自覚されつつある。

現代は、人類史上において、人間労働のもっとも高い生産性が実現されている時代である。なぜなら、今日の個人の労働の生産力は、二重の共同、すなわち一方で多数の人々の共同労働（横の共同）として、もう一方ではかつてない高度な固定資本との結合（過去の労働との共同）として実現されるからである。そのすべての人の能力が生かされることが、現代の人類の総力を発揮するために、不可欠となっている。

そこではすべての人間の学力が、そのすべての個人の be を実現するためのかけがえのない have として、自分自身に愛しいものとなる。そこでは学力が、人間の存在とその所有との統一の様式をもったものとしてとらえられるのではないか。そこに私たちの学力研究の中心的課題があると思われる。グローバル資本の利潤獲得戦略は、このようなすべての人間の意思と労働力の実現を妨げ、それに敵対するものとなっている。

それを打ち破ろうとする関係のなかでこそ、子ども・若者が、自らの発達と学習を、希望と誇りをもったなかで進められる場としての学校をつくり出す道がより明確になる。

そういう持続的で人間的な社会システム実現のためには、いま進行しつつある新自由主義の政治、グローバル資本の利潤の視点から社会を改造する権力ではなく、人類が、そして日本社会が達成してきた憲法的正義に立った、国民と住民の参加による重層的な自治と民主主義が不可欠である。教育と学校の営みもまた、そういう自治と民主主義と参加を土台としなければならない。

それは、グローバル資本の私的所有物（資本）として富が蓄積され、その富がグローバル資本の独断と利己的利益のために再投資されるメカニズムではなく、国民主権という形をとった生活する民衆の意思のもとに社会の富が管理され、統御されるしくみを必要とするだろう。それなくしては、人権や労働権が奪われ、地球温暖化や世界的な経済格差とそれを原因とする世界各地の戦争や食糧危機、膨大な廃棄物による地球汚染、地球生態系の破壊等々、地球における生命の持続的展開が、危機に直面する可能性がある。

加えて、今日本社会を襲いつつある格差・貧困の矛盾を逆手にとって喚起されようとしている偏狭なナショナリズム、民族間の対立をあおる言動とイデオロギーを、人間としての存在の実現をめざす新しい人類的、国民的かつ地域的連帯のなかで実感できる共同への情熱を生み出すことで、打ち破らなければならない。

以上に述べてきたような社会の構想が、資本主義という経済メカニズムの上に構築され得るのか、それとも資本主義というしくみ自体を変革していくのかは、これからの人類の探究と合意によるほかない。いずれにしてもそれは、国民主権という民衆の意思を集約し、反映する主権政治による資本と経済への統治（規制）の強化、それらの主権政治のグローバルな共同の発展という回路を通すほかにはない。新自由主義はいま、その歴史の進行を逆転させようとしている。民主主義はその対抗戦の前線、価値の争奪戦に、生活する一人ひとりの人間が、新しい歴史を切りひらく主体として割り込む方法である。

〈参考文献〉
ミシェル・フーコー『生政治の誕生』慎改康之訳、筑摩書房、二〇〇八年
エーリッヒ・フロム『生きるということ』佐野哲郎訳、紀伊國屋書店、一九七七年

あとがき

　ここ数年、日本社会の激変を捉える認識枠組みをどう構成するかを考えることが多くなった。大学での学生との対話においても、その認識枠組みのずれが、現代認識のずれとして、相当に大きいものになっていることを痛感するようになった。そしてそのようなずれを埋めるというか、現代をどのように捉えるかという枠組みを強く意識して、色々な話や講演などをするようになった。

　私の実感としては、一九九〇年代半ばから、日本社会は激変した。それは日本が新自由主義化の激しい社会改変のただ中に置かれ、それまでの社会と国家の仕組みが、大きく、乱暴に組み替えられ、一挙に格差貧困が拡大し、グローバル資本のむき出しの利潤獲得戦略の餌食にされつつあるという感触である。その点では、戦後社会における最も大きな転換が進行しつつあるといってよいのではないだろうか。しかしそういう変化を捉える視点が、社会科学や、また大学の教養として、探求され、講義されているかといえば、ほとんど対応し得ていない。強度の不安とリスクにさらされ、恐ろしいほどの改変の中に投げ込まれているにもかかわらず、子どもや若者が、今置かれている激変と困難の本質、歴史的な位置を知ることから閉ざされ、自己責任で対処していくことだけを求められていることは、異常な状態というべきではないか。

しかしその思いは、教育学という枠組みの中だけではなかなか表しきれないものでもある。そういうこともあって、新自由主義とは何か、政治とは何か、道徳とは何かというようなより原理的な地点に立ち戻って、物事を考えようとするようになった。しかし、それはまた私の今までの研究領域からの越境でもあり、なかなか緻密な展開は難しい。しかしそれでも、そういう挑戦なしには、現代の教育や政治を捉えきれないという思いをもって、研究の視野を広げようとしてきた。

その中で、政治と道徳とを、不可分なテーマとして把握する必要を強く感じるようになった。今、道徳教育問題と政治教育問題がともに大きな論争テーマとなっている。にもかかわらず、この二つは、別の事柄として論じられているような感触がある。しかし実はこの二つは、実は同じ問題の両面と言うべき事柄ではないか。そういう目で見れば、実は、道徳問題は単に学校教育の道徳教育の問題であるにとどまらず、現代日本社会の政治のあり方、社会的正義を実現するための政治にとっての根本問題であり、したがって政治こそが、その問題を解いていく中心的な方法であることが見えてくる。逆に政治問題を深めていけば、人類がその共同性をいかに実現しようとしてきたかという人間の社会的正義のありようが、新自由主義政治によって乱暴に踏みにじられようとしている姿が浮かんでくる。政治が道徳性を破壊しようとしている実態が見えてくる。そしてその交点に、憲法の意味が浮かび上がってくる。そのようなメッセージを組み込むために、政治教育問題と道徳教育問題を二つの柱とした構成でこの本を構成した。

この十月に、私は七十歳を迎え、今年度（二〇一六年度）いっぱいで、長年勤務させていただいた法政大学を退職することになった。退職すると、いままで当たり前のように行ってきた学生との対話、討論がほとんどない状況におかれてしまう。私にとっては、学生との対話が、色々なことを考える大きな契機にもなり、また近年こんな事を学生たちと議論したいと思うことがとみに多くなってきた。安倍内閣による危険な政治の展開への私なりの危機感がその背後にあるのかもしれない。この本をまとめようと思い立った背景には、若い世代の人たちへの私なりのメッセージを、退職に当たって送りたいという気持ちがあった。

この本には、現代の若い世代への期待と信頼を込めたつもりである。私の最終講義が十二月十六日に決まった時点で、急遽それに間に合うようにと、新科学出版社の武田みるさんに相談させていただいた。武田さんは、一九九四年に出版した『平和を創る教育』（新日本出版社）を担当してくれた編集者で、無理をお願いしたところ、快く引き受けていただいた。非常に短期間の作業にもかかわらず、さわやかなデザインの本にまとめていただき、心からのお礼を申しあげたい。

退職を迎えるが、時代の変化とその危うさに触発されてか、今は、さらに考えたいことが、押し寄せてくるという感じがしている。また、いましばらくは関与してきた民間の教育研究団体の仕事も続くかもしれない。私の所属する教育科学研究会は雑誌『教育』を発行し続けてきた。この十二月号で、八五一号を迎える。『教育』の編集では、現在日本の教育実践や教育学研究を、民主主義を推し進めたいと考えて、工夫が重ねられてきた。私もそのような共同に支えられて研究活動を続けてきた。民主主義の教育を実現したいと考える民間団体の発行する機関紙が次々と発行困難な状態を迎えるような中で、雑誌『教育』をなんとしても継続していきたいとも思う。第9章は『教育』に書かせていただいた論文で再構成したものである。それらの場で共に議論してきた多くの方々に支えられて、今日まで研究を続けてこられたことを、改めて感謝したい。

各章の初出誌は、以下のとおりである。収録にあたって一定の加筆・修正を行った。

序章＝「現代社会における命の尊厳を守るために」神奈川県地域人権運動連合会機関紙『人権のとも』２０１６年の４６９―４８０号12回連載

第1章＝「いま求められている道徳性の教育とは何か」『経済』２０１６年9月号、新日本出版社
第2章＝「現代の道徳性を考える――人間の尊厳への共感という力量の危機――」季刊『セクシュアリティー』77号、２０１６年7月、エイデル研究所
第3章＝「自由民主党の『政治的中立性についての実態調査』の危険性―教育の自由への包囲網を食い破る勇気ある対抗を」男女平等を進める教育全国ネットワーク機関紙№77 ２０１６年8月25日
第4章＝「『教育の政治的中立』と教育の論理―18歳選挙権と政治学習のあり方をめぐって」『前衛』２０１６年4月号、日本共産党
第6章＝「歴史を考える力としての学力の構造」歴史科学協議会『歴史評論』２０１２年9月号、校倉書房
第7章＝「対立的歴史認識についての教育方法を考える」『法政大学教職課程年報２０１５年度版』法政大学教職課程委員会
第8章＝「現代把握の困難性と歴史意識形成への教育の課題―社会の透明化と主体性剥奪のメカニズムを打ち破る」『歴史学研究』２０１２年11月号、歴史学研究会
第9章＝「教育の場に民主主義と『人間』を取り戻す」『教育』２０１４年8月号、「日本社会と教育の新しい物語を描く―人間を回復する表現と民主主義」『教育』２０１６年8月号、かもがわ出版

佐貫 浩（さぬき ひろし）
1946年兵庫県生まれ。法政大学教授。教育科学研究会委員長。専攻領域　教育政策論／平和教育学／社会科教育／教育課程論／道徳教育論
著書に『学力と新自由主義』（大月書店、2009年）、『平和的生存権のための教育』（教育史料出版会、2010年）、『品川の学校で何が起こっているのか』（花伝社、2010年）、『危機の中の教育－新自由主義をこえる』（新日本出版社2012年）、『道徳性の教育をどう進めるか』（新日本出版社、2015年）、『18歳選挙権時代の主権者教育を創る』（編著、新日本出版社、2016年）、他。

現代《げんだい》をどうとらえ、どう生《い》きるか
—民主主義、道徳、政治と教育—

2016年12月16日初版©

著　者　**佐貫 浩**
発行者　**武田みる**
発行所　**新科学出版社**
〒169-0073　東京都新宿区百人町1-17-14-2F
TEL：03-5337-7911　FAX：03-5337-7912
Eメール：sinkagaku@vega.ocn.ne.jp
ホームページ：https://shinkagaku.com/
印刷・製本：株式会社シナノ パブリッシング プレス

ISBN 978-4-915143-53-3　C0036
Printed in Japan